AF617938

Thomas Dehesselles

Bilanzierung und Lizenzierung im Profifußball: DFL-Lizenzierungsordnung und UEFA Financial Fair Play

Ausgewählte Themen – ein kritischer Vergleich

Nomos

Die Deutsche Nationalbibliothek verzeichnet diese Publikation in der Deutschen Nationalbibliografie; detaillierte bibliografische Daten sind im Internet über http://dnb.d-nb.de abrufbar.

ISBN 978-3-8329-6941-7

1. Auflage 2011

Inhaltsverzeichnis

Einleitung

Fußball, insbesondere in seinen Profiligen, ist nicht nur Sport. Die wirtschaftlichen Dimensionen sind neben der gesellschaftlichen Relevanz ausreichender Grund für ein großes mediales Interesse. Wirtschaftliche Themen oder Fragen der Lizenzierung werden in der Presse häufig aufgeworfen. Die Fachpresse oder die wirtschafts- und rechtswissenschaftliche Literatur hingegen bilden die Branche des Profisports mit ihren Besonderheiten nur vereinzelt ab. Die publizistischen Aktivitäten der Wirtschaftsprüfungsgesellschaften sind überwiegend durch eine andere Ausrichtung geprägt.[1] Eine umfassende Darstellung fehlt seit dem grundlegenden Werk von Albert Galli.[2]

Sowohl im Rahmen universitärer Lehrveranstaltungen und bei Diskussionen nach Fachvorträgen als auch im Gespräch mit Praktikern zeigt sich, dass eine aktuelle Darstellung der Zusammenhänge von Bilanzrecht und den Verbandsnormen des Lizenzierungsverfahrens lohnenswert scheint. Sowohl das aktuelle Verbandsrecht als auch zukünftige Entwicklungen und Anforderungen müssen sich dabei im Rahmen des geltenden Gesetzesrechts halten. Die Kompatibilität mit und Abhängigkeit von höherrangigen Rechtsnormen soll umrissen werden. Vorangestellt ist deshalb eine Herleitung aus dem allgemeinen Zivil-, Steuer-, Handels- und Gesellschaftsrecht als Ausgangspunkt für die Rechnungslegung nach den nationalen und internationalen Verbandsvorgaben.

Der deutsche Profifußball wird für seine strengen Regeln zur Lizenzierung gelobt und gönnt sich zugleich mit der „50+1-Regel“[3] eine Sonderstellung in der Welt. Für den deutschen Profifußball sind die Regeln der Deutsche Fußball Liga GmbH (DFL)-Lizenzierungsordnung[4] (LIZENZIERUNGSORDNUNG) jüngst noch einmal verschärft worden. Nahezu zeitgleich hat die UEFA[5] für die Teilnehmer an den europäischen Wettbewerben neue finanzielle Bedingungen und Vorgaben geschaffen, das UEFA-Reglement zur Klublizenzierung, das „FINANCIAL FAIR PLAY.“[6]

1 Ernst & Young – Bälle, Tore und Finanzen; Deloitte – Die wirtschaftlichen Champions im internationalen Fußball; KPMG – FC Euro AG.

2 Albert Galli, Das Rechnungswesen im Berufsfußball. (Düsseldorf 1997).

3 Ligastatut des „Die Liga-Fußballverband e. V.“ (Ligaverband), § 8 Nr. 2 Ligaverbands-Satzung. § 16 c Nr. 2 Satzung des Deutscher Fußball-Bund e.V. (DFB). Hierzu unten III.1.b.

4 Ligastatut Teil Lizenzierungsordnung (LO); Details unter www.bundesliga.de/dfl/interna.

5 Union des Associations Européennes de Football (UEFA).

6 UEFA Reglement zur Klublizenzierung und zum finanziellen Fair Play, Ausgabe 2010 (Financial Fair Play).

Der auf nationaler und europäischer Ebene gesehene Handlungsbedarf ist trotz der gleichlautenden Ausgangslage durchaus unterschiedlich motiviert. National wird eine Stärkung des Eigenkapitals durch externe Zuflüsse (Investoren) statuarisch durch die 50+1-Regel bewusst behindert, obwohl es im Hinblick auf die Stabilität der Clubfinanzen mit den zugelassenen nationalen Ausnahmen Leverkusen und Wolfsburg eher positive Erfahrungen gibt. Auf europäischer Ebene ist die Mehrheitsbeteiligung eines Investors durchaus üblich. Diese kann zu einer erhöhten Finanzkraft führen, aber auch zu möglichen Wettbewerbsverzerrungen, wenn das „Füllhorn" immer wieder über den Clubs ausgeschüttet wird und diese daher deutlich mehr Geld verausgaben können, als sie aus eigener Kraft im Spielbetrieb erwirtschaften. Die Regelungen des FINANCIAL FAIR PLAY und der LIZENZIERUNGSORDNUNG sind daher auch vor ihren ordnungspolitischen Zielen, die unter Umständen in einem Konflikt stehen, zu bewerten. Das Ordnungsziel im nationalen Ligabetrieb, Wettbewerbsverzerrungen durch untersaisonale Insolvenzen zu vermeiden, ist nicht deckungsgleich mit dem internationalen Ansatz, Wettbewerbsverzerrungen durch unangemessene Finanzzuflüsse zu unterbinden.

Nicht geleistet werden soll eine Erläuterung aller Einzelnormen im Sinne eines Handkommentars oder die Darstellung der Entwicklung der Normen und ihrer Motive. Ersteres würde den Umfang der Darstellung sprengen und insbesondere den Aspekten der vorgeschriebenen Wirtschaftsprüfung mehr Gewicht zumessen müssen. Letzteres kann naturgemäß nur durch die unmittelbar Beteiligten – Verbände und Clubs[7] – erfolgen. Es wird lediglich der Versuch unternommen, in der öffentlichen Diskussion häufig unzureichend oder unzutreffend gewürdigte Einzelaspekte gezielt aufzuarbeiten. Genannt seien – ohne Anspruch auf Vollständigkeit – die Themen: Investoren und Investitionen in Sportvereine und –Kapitalgesellschaften, mäzenatisches Engagement, Spielerfinanzierung oder ganz allgemein Vermögenswerte von Fußballclubs. An der Schnittstelle von Wirtschafts- und Rechtswissenschaften, insbesondere des Bilanzrechts, soll diese Darstellung versuchen, bei ausgesuchten Themen eine Lücke zu schließen und Interesse – auch im Detail – zu wecken, um weiterführende Untersuchungen und Diskussionen anzuregen.

7 Club steht nachfolgend gleichermaßen für Verein oder Kapitalgesellschaft des Spielbetriebs.

I. Gesetzliche Ausgangslage

Der Gesetzgeber hat für die unterschiedlichen Organisationsformen des Gesellschaftsrechts, Vereine, Personenhandelsgesellschaften, Kapitalgesellschaften, Genossenschaften und andere, Vorgaben an die Rechnungslegung normiert. Wegen der unterschiedlichen Organisationszwecke sind die Normen nicht oder jedenfalls überwiegend nicht identisch. Der ideell geprägten Rechtsform des Vereins sind weniger, den kapitalistisch und gewinnorientierten Rechtsformen strengere Vorgaben gemacht.

1. Vereinsrechnungslegung

Die in der Form des Idealvereins organisierten Clubs, auch Sportclubs, unterliegen hinsichtlich ihrer inneren Ordnung und Rechnungslegung nur wenigen Regeln des Vereinszivilrechts. Der Vorstand ist verpflichtet, den Mitgliedern gegenüber Rechenschaft zu legen. Soweit nicht aus anderen Rechtsquellen Weitergehendes verlangt wird, gilt nach § 259 Absatz 1 Bürgerliches Gesetzbuch (BGB) eine „ordentlichen Aufzeichnung der Einnahmen und Ausgaben" und das Vorhandensein entsprechender Belege als ausreichend. Parallel dazu ist hinsichtlich der angeschafften oder abgegangenen Vermögensgegenstände ein Bestandsverzeichnis zu führen, § 260 Absatz 1 BGB. Über diese rudimentären Vorgaben hinaus sieht das Vereinsrecht keine zusätzlichen Pflichten vor.[8]

2. Steuerrecht

Daneben bestehen steuerrechtliche Regelungen. Da zum Einen früher nur die Rechtsform des gemeinnützigen Vereins zur Mitgliedschaft in den Sportverbänden zugelassen war und zum Anderen partielle steuerliche Begünstigungen bestehen, ist auch der Spitzensport, soweit der professionelle Spielbetrieb nicht in eine Kapitalgesellschaft ausgegliedert ist, weiterhin in der Rechtsform des eingetragenen, gemeinnützigen Vereins organisiert.[9] Gemeinnützige Vereine müssen nach § 63 Absatz 3 Abgabenordnung (AO) durch ordnungsgemäße Aufzeichnung über ihre

8 Umfassend Galli, Rechnungswesen (a.a.O.), S. 74 ff.

9 Am Spielbetrieb der Bundesliga und 2. Bundesliga nahmen in der Saison 2010/2011 17 Vereine und 19 Kapitalgesellschaften teil.

Einnahmen und Ausgaben den Nachweis liefern, dass die tatsächliche Geschäftsführung auf die ausschließliche und unmittelbare Erfüllung der steuerbegünstigten Zwecke gerichtet ist. Eine bestimmte Form der Aufzeichnung ist nicht vorgesehen, insbesondere keine handelsrechtliche Buchführungspflicht.[10]

Aus den fortlaufenden Aufzeichnungen müssen neben Art und Höhe der Einnahmen und Ausgaben auch die Leistungsempfänger ersichtlich sein; Belege sind zu ordnen. Werden, was bei Profisportclubs immer der Fall ist, „wirtschaftliche Geschäftsbetriebe" unterhalten, bestehen weitergehende Aufzeichnungspflichten. Durch die Teilnahme „bezahlter Sportler" können nicht nur die stets dem wirtschaftlichen Geschäftsbetrieb zuzuordnende Profimannschaft und die zweite Mannschaft, sondern auch Jugendmannschaften bis zur C-Jugend einen wirtschaftlichen Geschäftsbetrieb darstellen.[11] Der wirtschaftliche Geschäftsbetrieb hat eine Gewinnermittlung durchzuführen. Entweder wird sie als Einnahmenüberschussrechnung geführt, § 4 Absatz 3 Einkommensteuergesetz (EStG), oder als Betriebsvermögensvergleich (Bilanz), § 4 Absatz 1 EStG. Der Verein hat steuerrechtlich die Wahl.[12]

Durch die 50+1-Regel[13] führt die Ausgliederung des professionellen Sportbetriebes beziehungsweise des wirtschaftlichen Geschäftsbetriebes in eine Kapitalgesellschaft nicht zur ertragsteuerlichen Begünstigung als Vermögensverwaltung, sondern bleibt wegen der „Beherrschung" immer und weiterhin ein steuerpflichti-

10 Zum Ganzen auch Albert Galli/Thomas Dehesselles, Rechnungslegung im Verein. in: Galli/Gömmel/Holzhäuser/Straub, Sportmanagement – Grundlagen der unternehmerischen Führung aus Sport und Betriebswirtschaftslehre. Steuern und Recht für den Sportmanager. (München 2002), S. 45-73, 56 f.

11 Vgl. AEAO Nr. 22 zu § 67 a AO i.V.m. § 67 Abs. 3 AO.

12 § 4 Abs. 1 S. 1 EStG:
Gewinn ist der Unterschiedsbetrag zwischen dem Betriebsvermögen am Schluss des Wirtschaftsjahres und dem Betriebsvermögen am Schluss des vorangegangenen Wirtschaftsjahres, vermehrt um den Wert der Entnahmen und vermindert um den Wert der Einlagen.

13 § 16 c. Nr. 2 DFB Satzung; § 8 Nr. 2 Abs. 1 und Abs. 2 Ligaverbands-Satzung:
Der Mutterverein muss nach Ausgliederung des Profispielbetriebes in eine Kapitalgesellschaft die Stimmrechtsmehrheit haben, d.h. 50% der Stimmen plus mindestens eine weitere Stimme. Daraus folgt, dass der Mutterverein zumindest einen Geschäftsanteil bzw. eine Aktie halten muss, die einen entsprechenden Stimmanteil bewirkt. Die Anteile können in Bezug auf ihre wirtschaftliche Berechtigung am Gesellschaftsvermögen und -gewinn weitergehend übertragen werden. Für die Sonderrechtsform der Kommanditgesellschaft auf Aktien ist die vollständige Übertragung aller Kommanditanteile möglich. Dann muss der Mutterverein Geschäftsführer – Komplementär – sein oder den Komplementär als 100%ige Tochtergesellschaft führen. Immanent ist, dass, mit welcher Kapitalquote auch immer, es einem Investor nicht gelingen wird, eigene Entscheidungen in der Gesellschaft gegen den Verein durchzusetzen, beispielsweise die Bestellung und Abberufung von Geschäftsführern, etc. Daher ist das deutsche Sondermodell für Investoren, die auf die Geschickte der Gesellschaft bzw. den Umgang mit dem von ihnen zur Verfügung gestellten Kapital Einfluss nehmen möchten, bewusst unattraktiv gestaltet. Näheres, auch zum Meinungsstand, vgl. unten III. 1. b.

ger wirtschaftlicher Geschäftsbetrieb.[14] Dieser darf, um nicht die Gemeinnützigkeit des Gesamtvereins zu gefährden, keine Dauerverluste erwirtschaften. Ist ein Verlust eingetreten, soll im Folgejahr ein zumindest ausgeglichenes Ergebnis erzielt werden. Anfangsverluste werden toleriert, wenn nachhaltig positive Ergebnisse eintreten.[15]

Das Gemeinnützigkeitsrecht beschränkt die Möglichkeit der Rücklagen- und Eigenkapitalbildung massiv. Gemeinnützige Körperschaften sind deshalb steuerbegünstigt, weil sie – unmittelbar und zeitnah – gemeinnützige Zwecke verfolgen. Diese Zweckverfolgung darf nicht dadurch eingeschränkt werden, dass Rücklagen oder Eigenkapital in unangemessener Weise gebildet werden. Dementsprechend ist die Bildung einer freien Rücklage, die zu Eigenkapital führt, auf ein Drittel des Überschusses der Einnahmen über die Kosten aus Vermögensverwaltung und in den übrigen Bereichen auf zehn Prozent der zeitnah zu verwendenden Mittel begrenzt.[16] Die in der Rechtsform des eingetragenen Vereins (e.V.) betriebenen Clubs weisen daher regelmäßig kein oder nur minimal Eigenkapital auf.[17]

Steuerabzugsfähige Schenkungen, so genannte Spenden, können nicht in oder für einen wirtschaftlichen Geschäftsbetrieb geleistet werden.[18] Schenkung ist eine Zuwendung, durch die jemand aus seinem Vermögen einen anderen bereichert und die unentgeltlich ist, § 516 Absatz 1 BGB. Ein Schenkungsversprechen muss grundsätzlich notariell erfolgen, eine vollzogene Schenkung, beispielsweise durch Überweisung eines entsprechenden Geldbetrages, ist aber wirksam, § 518 Absatz 2 BGB. Die Zuwendung kann, muss aber nicht, mit einer Auflage verbunden werden, § 525 BGB. Denkbare Auflagen im Profifußballbereich wären die Verpflichtung eines bestimmten Spielers, die Trennung von einem Trainer oder Ähnliches. In zivilrechtlicher Hinsicht steht also ein breites Instrumentarium bereit, um dem Förderer oder Mäzen eines Vereins Mittelzuweisungen an den Verein zu ermöglichen und dabei Einfluss auf Entscheidungen zu nehmen.

Würde in einen wirtschaftlichen Geschäftsbetrieb – also den Spielbetrieb mit „bezahlten" Sportlern – „geschenkt", unterliegt eine solche Mittelzuweisung unter Umständen dem Erbschaft- und Schenkungsteuergesetz (ErbStG).[19] Da der Verein im Rahmen seines Erwerbs immer der Steuerklasse 3 zuzurechnen ist, würde ober-

14 AEAO Nr. 3 zu § 64 AO; Kritisch Thomas Fritz, Aufnahme, Strukturwandel und Beendigung wirtschaftlicher Tätigkeiten von gemeinnützigen Körperschaften: Verein – Stiftung – GmbH. Baden-Baden 2003, S. 122.

15 Umfassend Rainer Hüttemann, Gemeinnützigkeits- und Spendenrecht. (Köln 2008) § 6 Rz. 15 – S. 334.

16 § 58 Nr. 7 a. AO.

17 Vgl. Deutsche Fußball-Liga GmbH, DFL Ligareport 2011, S. 48, 50; siehe auch André Laner/Michael Nelles, Finanzierungsalternativen im Sportbereich. (Saarbrücken 2007), S. 44 ff.

18 AEAO Nr. 4 zu § 55 AO.

19 Vgl. BFH vom 14.3.2006, BStBl. 2006 II, 650 m.w.N.; einschränkend Hüttemann, Gemeinnützigkeitsrecht. (a.a.O.) § 8 Rz. 89, S. 580.

halb des Freibetrages von 20.000,00 Euro – der nur einmal innerhalb eines Zehnjahreszeitraumes, nicht jährlich zur Verfügung steht – Schenkungsteuer erhoben, § 15 Absatz 1, § 16 Absatz 1 Nr. 7 ErbStG. Die Steuer beträgt mindestens 30 % und steigt je nach Höhe der Zuwendung auf 50 %, § 19 ErbStG.

Dies ist umso bemerkenswerter, weil häufig die Rede davon ist, dass die so genannten „Vereins-Mäzene" ihre Zahlungen als „Spende" leisten.[20] Zum Einen ist eine steuerlich abzugsfähige Spende in den wirtschaftlichen Geschäftsbetrieb professioneller Sportvereine, wie dargestellt, nicht möglich. Zum Anderen könnte die steuerliche Konsequenz sein, dass bis zur Hälfte des Betrages als Schenkungsteuer an den Fiskus abgeführt werden müsste. Steuerschuldner sind Schenker und Beschenkter, also Mäzen und Club, gleichermaßen, § 20 Absatz 1 ErbStG. Dass mäzenatische Zahlungen im Berufssport schenkungsteuerpflichtig sein können, wurde in einem konkreten Fall den Beteiligten vom erstinstanzlichen Finanzgericht (FG) und dem Bundesfinanzhof (BFH) ausführlich erläutert.[21]

Trotzdem können die Leistungen in den wirtschaftlichen Geschäftsbetrieb eines Vereins oder bei einer Spielbetriebskapitalgesellschaft nach allgemeinen Regeln als Einnahmen der Ertragsbesteuerung unterliegen. Die Förderer eines Clubs wählen daher andere rechtliche Gestaltungen, um einen entsprechenden Mittelzufluss zu ermöglichen, ohne unmäßige Steuerpflichten auszulösen. Infrage kommt eine darlehensweise Gewährung, womit die Problematik auf den späteren Zeitpunkt des endgültigen Verzichts auf die Rückzahlung verschoben wird. Eine (atypisch) stille Beteiligung ist ebenfalls möglich. Zwischen beiden Lösungen gibt es eine Vielzahl so genannter Mezzanine-Finanzierungen oder andere alternative Finanzierungsformen – Genussscheine, Asset backed Securities etc. – die hier nicht alle vereinzelt dargelegt werden sollen.[22]

Mezzanine Finanzierungsformen sind, wie der Name andeutet, eine Mischform. Sie werden regelmäßig in der Weise gestaltet, dass sie dem Gläubiger einen Zins

20 So Joachim Lammert, Mehrheitliche Kontrolle im deutschen Profi-Fußball – Der Fall Hoffenheim. SpuRt 2008, S. 137-140. Stern.de vom 6.1.2011: http://www.stern.de/sport/fussball/bundesliga/fussball-bundesliga-hoffenheim-hat-ausgetraeumt-1640574.html. Vgl. zum ganzen auch Markus Kern, Besonderheiten der Unternehmensfinanzierung und Investitionseffizienz im professionellen Fußball, Schriftenreihe Sportökonomie in Forschung und Praxis Band 3. (Hamburg 2007), S. 31.

21 FG Köln vom 27.11.2003; EFG 2004, 664; BFH vom 15.3.2007, BStBl. 2007 II, 472. Vgl. auch Jochen Thiel, Die Zuwendung von Sponsoren und Mäzenen aus schenkungsteuerrechtlicher und ertragsteuerrechtlicher Sicht. Der Betrieb 1993, S. 2452 ff. Allgemein Winfried Eggers, Schenkungsteuer bei Zuwendungen an Vereine. DStR 2007, S. 1752-1754.

22 Vgl. hierzu unten III.1.b. oder beispielsweise Christian Keller, Corporate Finance im Profifußball – Kriterien für die Inanspruchnahme von Kapitalmarktfinanzierung durch Fußballunternehmen. in: Sportökonomie aktuell 15/2005; Daniel Schwendowius, Finanzierungs- und Organisationskonzepte für den deutschen Profifußball. (Berlin 2003). Markus Kern/Oliver Haas/Alexander Dworak, Finanzierungsmöglichkeiten für die Fußball-Bundesliga und andere Profisportligen. in: Galli/Gömmel/Holzhäuser/Straub, Sportmanagement (a.a.O.), S. 395-447; Kern, Besonderheiten. (a.a.O.), S. 97 ff., alle m.w.N.

bieten, den der Club als laufenden Aufwand sofort steuerlich geltend machen kann. Die Zinszahlungen können fix (bestimmter Prozentsatz, feste Zahlungstermine) oder variabel (Zinshöhe und Zahlungstermin bspw. abhängig vom Tabellenplatz) gestaltet sein. Ein Vorteil besteht darin, dass Ausschüttungen an Gesellschafter bei der Kapitalgesellschaft steuerlich nicht abzugsfähig wären, Zinszahlungen auf betriebliche Darlehen schon. Andererseits wird die Investition nicht in Form eines echten Darlehens, das als Verbindlichkeit zu passivieren wäre, gebucht, sondern in der Handelsbilanz wie Eigenkapital behandelt, was die Eigenkapitalquote verbessert.[23]

3. Handels- und Gesellschaftsrecht

Die Rechnungslegungspflichten für deutsche Kapitalgesellschaften im Allgemeinen regeln die §§ 238 ff. Handelsgesetzbuch (HGB). Eingetragene Vereine können sich freiwillig diesen Normen unterwerfen. Soweit ein Wirtschaftsprüfertestat erforderlich ist – wie im Lizenzierungsverfahren – müssen auch Vereine faktisch bilanzieren, da der Wirtschaftsprüfer ein Testat nur auf Basis eines Abschlusses nach dem Handelsgesetzbuch, § 317 HGB, erteilen wird. In einer stichtagsbezogenen (rückwärtigen) Betrachtung wird die Vermögenssituation der Körperschaft dargestellt. Alle Vermögenswerte sind, ebenso wie alle Schulden, aufzulisten. Eine Bilanz ist auch Grundlage für Banken bei der Risikobewertung und Kreditgewährung im Hinblick auf die BASEL II-Kriterien.[24]

Die linke Seite der Bilanz wird, ohne besondere inhaltliche Bedeutung, „Aktiva", die rechte „Passiva" genannt. Die Aktiva umfassen die gegebenenfalls verwertbaren Vermögensgegenstände – „das, was die Gesellschaft hat". Die Passiva hingegen bilden die entsprechenden Gegenpositionen. Hier wird dargestellt, wie die Gesellschaft ihre Vermögenswerte finanziert. Zum Schutz der Gläubiger eines Unternehmens gilt bei der Bewertung von Vermögenswerten das so genannte Vorsichtsprinzip, welches seine konkrete Anwendung im Niederst- beziehungsweise Höchstwert-, dem Imparitäts- sowie dem Anschaffungswertprinzip findet.[25]

Die Gliederung der Bilanz ist vom Gesetz in § 266 HGB vorgegeben.[26] Die Erträge und Aufwendungen des vergangenen Geschäftsjahres sind gesondert in einer Gewinn- und Verlustrechnung darzustellen. Alle ertrags- und aufwandswirksamen Vorgänge, vor allem also Zahlungsvorgänge, sind zu erfassen. Dabei besteht ein Saldierungsverbot. Auch bei einander gegenüberstehenden Forderungen, bei

23 Kai Gerdes, Auswirkungen von Mezzaninekapital auf das Rating. BC 2006, S. 57 f.
24 Vgl. bspw. Förschle/Ameling in: Beck Bil-Komm. 7. Auflage (München 2010) zu § 317.
25 Vgl. statt Vieler Ellrott/Roscher in: Beck Bil-Komm. § 253 Rz. 506 ff.
26 Gesetzestext § 266 HGB abgedruckt als Anhang I.

denen zivilrechtlich eine Aufrechnung möglich wäre, hat eine einzelne Verbuchung zu erfolgen. Soweit eine Aufwandsposition nicht vollumfänglich sofort als Aufwand erfasst werden kann – beispielsweise bei Transferzahlungen, die über die Vertragsdauer zu verteilen sind –, werden in der Gewinn- und Verlustrechnung die entsprechenden anteiligen Abschreibungen oder gegebenenfalls auch Zuschreibungen dargestellt. Damit gibt die Gewinn- und Verlustrechnung das Ergebnis der gewöhnlichen Geschäftstätigkeit, das sich aus dem Betriebsergebnis, dem Finanzergebnis, einem eventuellen außerordentlichen Ergebnis und den Steuern zusammensetzt, wieder und weist den Jahresüberschuss oder Jahresfehlbetrag aus, § 275 HGB.[27]

Da die Anschaffungskosten als nach dem Handelsgesetzbuch maximale Ausgangsgröße der Wertbestimmung dienen, entfallen etwaige „Zuschreibungen" beziehungsweise die Darstellung von Wertzuwächsen. Auch eine herausragende sportliche Entwicklung führt nach diesen Kriterien nicht zu einem Neuansatz der Bewertung im Bereich „Spielervermögen"; lediglich „Abwertungen" wären möglich.[28] Durch die – regelmäßig lineare – Abschreibung auf getätigte Transferaufwendungen verringert sich das „Spielervermögen" kontinuierlich. Wurden bei der Ausgliederung des Spielbetriebes Marken- oder Namensrechte übertragen, können diese abgeschrieben werden. Solche Abschreibungen auf den Firmenwert und auf die aktivierten Transfers führen zu einer Verminderung des Aktivvermögens. Wird dadurch das Grund- beziehungsweise Stammkapital unter die von der LIZENZIERUNGSORDNUNG geforderte Grenze vermindert, muss es wieder „aufgefüllt" werden. Dies kann durch Zuschüsse oder Gewinne aus operativer Tätigkeit geschehen.[29]

Der Vermögensvergleich erfolgt stichtagbezogen nach Ablauf eines Geschäftsjahres, das im Profifußball regelmäßig vom 01.07. bis 30.06. (Saison) oder vom 01.01. bis 31.12. (Kalenderjahr) läuft. Hat sich die Vermögenslage gegenüber dem Vorjahr verbessert, ist ein (bilanzieller) „Gewinn" entstanden; hat sich die Vermögenssituation verschlechtert, schlägt ein entsprechender handelsrechtlicher „Verlust" zu Buche.[30]

Verluste werden bis zur Höhe des Grund- oder Stammkapitals – des Haftkapitals – und etwaiger Rücklagen der Gesellschaft – des Eigenkapitals – durch dieses abgedeckt. Unabhängig von den sonstigen, insbesondere insolvenzrechtlichen, Vorgaben an das Kapital einer Gesellschaft führt ein Verlust bis zu dieser Höhe nicht zu einem so genannten „negativen Eigenkapital". Fußballclubs in der Rechtsform

27 Gliederung § 275 HGB abgedruckt als Anhang II.
28 Vgl. unten III.1.c.
29 Vgl. unten III.1.a.
30 §§ 242, 247, 275 Abs. 2 Nr. 20 bzw. § 275 Abs. 3 Nr. 19 HGB.

des eingetragenen Vereins haben mangels Eigenkapital diese Möglichkeit grundsätzlich kaum, hier führt jeder Verlust zwangsläufig zu negativem Eigenkapital.[31]

Neben der Bilanz und der Gewinn- und Verlustrechnung ist immer ein Anhang zu erstellen, § 284 HGB. Der Anhang erläutert Bilanz und Gewinn- und Verlustrechnung. Er hat insbesondere Angaben zu enthalten zu den angewandten Bilanzierungs- und Bewertungsmethoden und entspricht inhaltlich in weiten Teilen einem Geschäftsbericht.[32] Darüber hinaus sind Untergliederungen der Gewinn- und Verlustrechnung im Einzelnen zu erläutern, § 285 HGB. Bei Profisportgesellschaften ist relevant der darzustellende Ausweis von Verbindlichkeiten mit einer Restlaufzeit von mehr als fünf Jahren, § 285 Nr. 1 a. HGB, die Abschreibung eines Firmen- oder Geschäftswertes, § 285 Nr. 13 i. V. m. § 255 Absatz 4 Satz 3 HGB oder die Vergütung von Geschäftsführern und Aufsichtsorganen, § 285 Nr. 9 HGB. Die Bezahlung des Management oder etwaiger Aufsichtsgremien stößt naturgemäß auf große Neugierde in der „Fanschaft", obwohl diese nur einen Bruchteil der Personalkosten der Clubs ausmachen. Das Verhältnis des Aufwandes für die innere Verwaltung, einschließlich aller administrativen Mitarbeiter, zum Personalaufwand des Spielbetriebs einschließlich der sportlich Verantwortlichen dürfte in den Clubs unter zehn Prozent liegen.[33]

Die Bilanzierung eines Firmen- oder Geschäftswertes kommt nur in Betracht, wenn dieser nicht „selbst geschaffen" ist. Es muss sich um einen „erworbenen" immateriellen Vermögensgegenstand handeln. Da der „Erwerb" konkurrierender Clubs aus Gründen des Beteiligungsverbotes nicht möglich ist,[34] kommt nur der Übergang im Wege einer Ausgliederung oder rechtsgeschäftlichen Übertragung in Betracht. Hat ein eingetragener Verein seinen wirtschaftlichen Geschäftsbetrieb einschließlich Marke und Logo auf eine Kapitalgesellschaft übertragen, ist diese berechtigt, entsprechende Werte zu bilanzieren und abzuschreiben. Gerade bei kleineren Clubs ist neben den aktivierten Transfers der Firmenwert oft der Hauptvermögensgegenstand und wird deswegen gerne genutzt, das Grund- beziehungsweise Stammkapital darzustellen. Aus steuerlichen Gründen wird der Wert auch regelmäßig abgeschrieben, was zu Aufwand führt. Ist das Haftkapital unter die von der LIZENZIERUNGSORDNUNG geforderte Grenze vermindert, muss es wieder

31 Vgl. zum Eigenkapitalausweis von Vereinen Institut der Wirtschaftsprüfer (IDW) Rechnungslegungsstandard (RS) für Vereine – IDW RS 740, IDW RS HFA 14 und IDW Prüfungsstandard für Vereine PS 750 sowie oben I.1.b.

32 Vgl. statt Vieler Baumbach/Hopt, HGB-Kommentar. 33. Auflage (München 2008). § 284 Rz. 1 m.w.N.

33 Vgl. DFL Ligareport 2011, S. 27.

34 Vgl. unten III.1.b.

„aufgefüllt" werden. Dies kann durch Zuschüsse oder Gewinne aus operativer Tätigkeit geschehen.[35]

Hat die Gesellschaft derivative Finanzierungsinstrumente eingesetzt, sind diese nach § 285 Nr. 18 HGB erläuterungsbedürftig.[36] Soweit die Sportkapitalgesellschaft an anderen Gesellschaften mindestens ein Fünftel der Anteile besitzt, ist auch der Name und der Sitz des anderen Unternehmens mit der entsprechenden Beteiligungsquote und dem Geschäftsjahresergebnis anzugeben, § 285 Nr. 11 HGB. Sofern die Sportkapitalgesellschaft börsennotiert ist, muss sie alle Beteiligungen an großen Kapitalgesellschaften angeben, wenn sie mindestens fünf Prozent der Stimmrechte hält. Diese Varianten dürften in Anbetracht der Finanzsituation der Clubs außerhalb einiger weniger Ausnahmen, die über Kapitalanlagen verfügen, kaum in Betracht kommen. Die Beteiligung an anderen Clubs ist ohnehin untersagt.[37]

Nach § 267 HGB gelten weiterhin, ab einer gewissen Größe, neben der Bilanzerstellung mit Gewinn- und Verlustrechnung noch weitere Erfordernisse. Es werden in § 267 HGB kleine, mittlere und große Kapitalgesellschaften unterschieden. Kleine und mittlere Kapitalgesellschaften dürfen Zusammenfassungen vornehmen, kleine Kapitalgesellschaften sind darüber hinaus von einigen Vorschriften befreit, § 274 a. HGB. Alle Kapitalgesellschaften sind grundsätzlich zur Veröffentlichung des Jahresabschlusses verpflichtet, § 325 HGB, wobei größenabhängige Erleichterungen nach den §§ 325 a. bis 327 a. HGB bestehen.

Kleine Kapitalgesellschaften sind solche, die von den nachfolgenden drei Kriterien lediglich bis zu zwei erfüllen: 4.015.000 Euro Bilanzsumme, 8.030.000 Euro Umsatzerlöse in den letzten zwölf Monaten oder im Jahresdurchschnitt nicht mehr als 50 Arbeitnehmer, § 267 Absatz 1 HGB. Diese Kriterien werden regelmäßig bis maximal zur 2. Bundesliga erfüllt sein.

Mittelgroße Kapitalgesellschaften sind solche, die mindestens zwei der vorbezeichneten Merkmale überschreiten und weiterhin mindestens zwei der drei nachstehenden Merkmale nicht überschreiten, § 267 Absatz 2 HGB: 16.060.000 Euro Bilanzsumme beziehungsweise 32.120.000 Euro Umsatzerlöse in den letzten zwölf Monaten sowie im Jahresdurchschnitt nicht mehr als 250 Arbeitnehmer. Große Kapitalgesellschaften, § 267 Absatz 3 HGB, sind solche, die mindestens zwei der für mittelgroße Kapitalgesellschaften genannten Merkmale überschreiten.

Große Kapitalgesellschaften müssen noch weitergehende Anlagen nach § 289 Absatz 3 HGB erstellen. Wie große Kapitalgesellschaften werden alle börsenno-

35 Hierzu Vera Elter, Bewertung von Fußballunternehmen, in: Denzel/Wagner-Braun (Hg.), Wirtschaftlicher und sportlicher Wettbewerb. Festschrift für Rainer Gömmel zum 65. Geburtstag. (Vierteljahrschrift für Sozial- und Wirtschaftsgeschichte. Beihefte 205), Seite 295 – 315 m.w.N.

36 Zu diesen vgl. oben und die in Fn 14 und 22 Genannten.

37 Vgl. unten III.1.b.

tierten Gesellschaften behandelt, § 267 Absatz 3 HGB. Aktiengesellschaften und Kommanditgesellschaften auf Aktien (KGaA), deren Anteile an einem organisierten Markt gehandelt werden, haben darüber hinaus die Angaben nach § 289 Absatz 4 HGB zu machen.

Mittelgroße und große Kapitalgesellschaften haben über den Anhang hinaus einen Lagebericht, § 289 HGB, vorzulegen. Kleine Kapitalgesellschaften sind gemäß § 264 Absatz 1 S. 3 HGB von den Verpflichtungen, einen Lagebericht vorzulegen, befreit. Dabei sind der Geschäftsverlauf einschließlich des Geschäftsergebnisses und die Lage der Kapitalgesellschaft so darzustellen, dass ein den tatsächlichen Verhältnissen entsprechendes Bild vermittelt wird. Im Lagebericht ist die voraussichtliche Entwicklung mit ihren wesentlichen Chancen und Risiken zu beurteilen und zu erläutern sowie die der Beurteilung zugrundeliegenden Annahmen anzugeben. Soweit nach Schluss des Geschäftsjahres bemerkenswerte Änderungen eingetreten sind, soll der Lagebericht auch darauf eingehen, § 289 Absatz 2 HGB. Dabei kann es sich sowohl um wertbegründende als auch wertmindernde Tatsachen handeln.[38]

Ein Beispiel hierfür wäre der Eintritt der so genannten „Kirchkrise", die sich auf die zu erwartenden Fernsehgelder massiv ausgewirkt und damit die Erwartungen an die zukünftige Vermögens- und Finanzlage der Sportclubs verschlechtert hat. Herr Leo Kirch war mit seinen (Fernseh-) Firmen Hauptvertragspartner für die Übertragung der Bundesligaspiele. Die Fernsehrechte wurden über eine Laufzeit von mehreren Jahren zu hohen Millionenbeträgen an ihn verkauft und die Clubs kalkulierten mit entsprechenden Einnahmen. Dann trat eine wirtschaftliche Schieflage ein, die letztlich zum Zusammenbruch des Medienimperiums und zu Zahlungsausfällen führte. Das Bekanntwerden dieses Ereignisses lag erst nach dem Bilanzstichtag. Dementsprechend wären die Prognosen für zukünftige Fernsehgeldeinnahmen zum damaligen Zeitpunkt herabzuschrauben gewesen, soweit nicht solvente Sicherungen (Bürgschaften) Dritter für einen Ausfall vorlagen. Im Bereich des Profisports können aber auch Spieler, die wegen der geleisteten Transferzahlungen mittelbar „aktiviert" sind und sich – dauerhaft – verletzen, eine mitzuteilende Tatsache sein, wenn der Fall erst nach dem Bilanzstichtag, aber vor Fertigstellung der Vorjahresbilanz eingetreten ist. Ist die Verletzung vor dem Bilanzstichtag eingetreten, wäre gegebenenfalls noch im Bilanzierungszeitraum eine entsprechende Abschreibung auf den aktivierten Transferbetrag vorzunehmen.[39]

Besonderes Augenmerk ist wegen der Tendenz, Einnahmeeffekte „vorzuziehen", oder Ausgabeeffekte „zu strecken", den Rechnungsabgrenzungsposten nach § 250 HGB zu widmen. Auf der Aktivseite weisen Rechnungsabgrenzungsposten

38 Baumbach/Hopt, HGB, § 289 Rz. 2.

39 Vgl. hierzu Elter, Bewertung (a.a.O.) und dies., Der Fußballtransfermarkt, KPMG snapshot 1994.

Ausgaben, die bereits getätigt wurden, aber teilweise erst in der Zukunft wirksam werden, aus. Auf der Passivseite verhält es sich umgekehrt.[40] Werden beispielsweise im Bereich Vermarktung, Catering oder Ähnliches Rechte gegen Zahlung einer so genannten „Signing fee" veräußert, ist die entsprechende Einnahme über die Laufzeit „abzugrenzen". Die Rechnungsabgrenzung bewirkt, dass die vorab geleistete Zahlung beziehungsweise der auf einmal zugeflossene Erlös nicht über die Gewinn- und Verlustrechnung als „Einmaleffekt" und damit sofort ergebniswirksam gebucht wird, sondern entsprechend der Laufzeit verteilt. Dies ist erforderlich, um das geforderte „zutreffende Bild der Vermögenslage" der Gesellschaft zu gewährleisten. Anderenfalls könnte der Effekt eintreten, dass durch das Vorziehen von Einnahmeneffekten – Signing fees für langfristige Verträge im Bereich Catering, Marketing, Stadionname, aber auch Anzahlungen auf zukünftige Transfererlöse oder Ähnliches – ein auf den ersten Blick „Vermögen" bilanzierender Club wegen des Wegfalls erheblicher zukünftiger Erlöse zu gut dasteht. Daneben treten durch die ratierliche Verteilung entsprechende steuerliche Effekte ein.[41]

Unternehmen unter einheitlicher Leitung einer Kapitalgesellschaft – nicht eines Vereins – haben einen Konzernlagebericht aufzustellen, § 290 HGB. Wann eine einheitliche Leitung vorliegt, wird im § 290 Absatz 2 HGB näher erläutert.[42] Soweit die Fußballkapitalgesellschaft Beteiligungen an Reha-Zentren, Hotels oder Spiel- und Sportstätten (Stadion, Arena, Trainingsgelände etc.) in ausgelagerten oder ausgegliederten Gesellschaften hält, sind zumeist auch die Konzernabschlusskriterien gegeben. § 290 Absatz 1 HGB gilt grundsätzlich nur für Kapitalgesellschaften, findet jedoch auch für die GmbH & Co. KG Anwendung.[43]

Soweit also Tochtergesellschaften der Clubs in dieser besonderen Rechtsform, die insbesondere für Immobiliengesellschaften steuerliche Vorteile bieten kann, agieren, gelten nach Handelsrecht Konzernrechnungslegungsvorschriften. Damit wird die Möglichkeit, besonders verlustträchtige Aktivitäten, aber auch besonders gewinnträchtige Einnahmequellen, außerhalb der eigenen Clubbilanzierung zu

40 Vgl. § 250 Abs. 1 und 2 HGB:
„(1) Als Rechnungsabgrenzungsposten sind auf der Aktivseite Ausgaben vor dem Abschlussstichtag auszuweisen, soweit sie Aufwand für eine bestimmte Zeit nach diesem Tag darstellen.
(2) Auf der Passivseite sind als Rechnungsabgrenzungsposten Einnahmen vor dem Abschlussstichtag auszuweisen, soweit sie Ertrag für eine bestimmte Zeit nach diesem Tag darstellen."

41 Karlheinz Küting/Marc Strauß, Der passive Rechnungsabgrenzungsposten: ein „Schlüsselspieler" in der Fußballbundesliga. Der Betrieb 2010, S. 1189-1197.

42 § 290 Abs. 2 HGB:
„Der Konzernabschluss und Konzernlagebericht eines Mutterunternehmens mit Sitz in einem Mitgliedstaat der Europäischen Union oder in einem anderen Vertragstaat des Abkommens über den Europäischen Wirtschaftsraum haben befreiende Wirkung, wenn das zu befreiende Mutterunternehmen und seine Tochterunternehmen in den befreienden Konzernabschluss unbeschadet des § 296 einbezogen worden sind.".

43 Baumbach/Hopt, HGB § 290 Rz. 1.

halten, vermindert. Die Konsolidierung führt dazu, dass das Gesamtergebnis erkennbar wird. Bleibt ein eingetragener Verein „Mutterkörperschaft“ des „Konzerns“, entfällt nach überwiegender Auffassung die gesetzliche Verpflichtung zur Konzernrechnungslegung.[44]

Zusammenfassend ist festzustellen, dass eine Vielzahl von Clubs bereits nach allgemeinen handels- und steuerrechtlichen Normen zu umfassender Rechnungslegung und, soweit Kapitalgesellschaften betroffen sind, Konzernrechnungslegung, Publizität und Transparenz verpflichtet sind.

4. Rechnungslegung international

Daneben gibt es internationale Standards. Die europäischen Rechnungslegungsvorschriften orientieren sich nicht primär am deutschen Bilanzrecht nach dem Handelsgesetzbuch, sondern an internationalen Rechnungslegungsstandards. Sie sind keine Vorgabe eines Gesetzgebers, sondern erlangen Rechtsverbindlichkeit durch ihre Anerkennung durch die Europäische Kommission. Die entsprechende EU-Verordnung gilt in jedem Mitgliedstaat. Normen sind die International Financial Reporting Standards (IFRS) im engeren Sinne, die International Accounting Standards (IAS) des International Accounting Standards Committee (IASC) sowie die Interpretationen des International Financial Reporting Interpretations Committee (IFRIC). Die Erstellung eines Anhangs ist nach IFRS – auch für Fußballunternehmen – verpflichtend.[45] International agierende Unternehmen und Konzerne legen regelmäßig Rechnung nach den IFRS. Sind im Konzern Fußballunternehmen als Tochtergesellschaft, besteht auch für diese eine entsprechende Verpflichtung zur internationalen Rechnungslegung.[46]

Abschlüsse, die nach den IFRS aufgestellt werden, sollen primär Informationen über die Vermögens-, Finanz- und Ertragslage des Unternehmens liefern. Die deutsche Rechnungslegung nach dem Handelsgesetzbuch bezweckt vornehmlich den Gläubigerschutz und erst zweitrangig Informationen zu Vermögens-, Finanz- und Ertragslage des Unternehmens. Oberste Grundsätze der IFRS-Rechnungslegung sind der Grundsatz der Periodenabgrenzung und das Fortführungsprinzip. Verständlichkeit, Entscheidungsrelevanz, Wesentlichkeit, Zuverlässigkeit und

44 Zum Meinungsstand Ulrich Segna, Vorstandskontrolle in Großvereinen. Schriften zum Bürgerlichen Recht Band 271 (Berlin 2002), S. 164 ff. Peter Heermann/Harald Schießl, Der Idealverein als Konzernspitze. http://sportrecht.org/cms/upload/01grundlagen/03/Heermann-Schiessl-Der_Idealverein_als_Konzernspitze.pdf.

45 Verordnung Nr. 1725/2003 vom 29. 9.2003 Amtsblatt Nr. L 261 vom 13/10/2003 S. 0001 – 0420.

46 Beispielsweise die Bayer AG und damit auch Bayer Leverkusen, vgl. http://www.geschaeftsbericht2010.bayer.de/de/16-bayer-corporate-governance-bericht-2010.pdfx.

Vergleichbarkeit sind die qualitativen Anforderungen, denen der Abschluss genügen muss. Es gilt der Grundsatz der periodengerechten Gewinnermittlung in den IFRS, der Grundsatz der Vorsicht im Handelsgesetzbuch. Den IFRS werden insgesamt mehr „Modernität" und ein stärkerer Bezug auf aktuelle Zeitwerte und -daten im Gegensatz zum eher retrospektiven Handelsgesetzbuch beigemessen.[47] Die Rechnungslegung nach nationalem Bilanzrecht gilt als „konservativ"; der deutsche ordentliche Kaufmann „rechnet sich arm". Während als Adressat des Jahresabschlusses nach deutschem Bilanzrecht überwiegend Eigenkapitalgeber und Gläubiger gesehen werden, wollen die IFRS zugleich Investoren und interessierte Öffentlichkeit einbeziehen und schützen.[48]

Die IFRS stellen erhöhte Anforderungen an eine kontinuierliche Neubewertung aller wesentlichen Wirtschaftsgüter. Während nach dem Handelsgesetzbuch die Herstellungs- oder Anschaffungskosten eines Wirtschaftsgutes in der Bilanzierung nicht überschritten werden dürfen, verlangen die IFRS dies in vielen Fällen geradezu. Auf dieser Basis wäre bei eigenen Nachwuchsspielern, positiver Spielerentwicklungen oder bei Vertragsverlängerungen es geradezu zwingend, „fair value" als tatsächliche Vermögenslage darzustellen. Ein für Gesamtanschaffungskosten von fünf Millionen Euro auf drei Jahre verpflichteter Spieler wäre zumindest nach Ende der letzten Transferperiode vor Ablauf seines Vertrages nach nationalem Handelrecht nicht weiter als Aktiva zu führen, weil er in der nächsten Transferperiode ablösefrei wechseln könnte. Verlängert er seinen Vertrag für drei Jahre, ohne dass – was selten vorkommt, aber möglich ist – erneute Einmalzahlungen neben dem laufenden Gehalt und Prämien erforderlich wären, ist nach dem Handelsgesetzbuch eine „Zuschreibung" in die Bilanz beziehungsweise eine Erhöhung der Aktiva nicht zulässig, nach IFRS durchaus. Negativeffekt kann eine steuerliche Gewinnerhöhung nach „Zuschreibung" sein. Wegen der weiteren Abweichungen und Besonderheiten wird auf die einschlägige Literatur verwiesen.[49]

Im Ergebnis normieren die IFRS – analog dem Handelsgesetzbuch – die Rechnungslegungsvorschriften. Sie trennen ebenso zwischen Vermögensstatus und Gewinn- und Verlustrechnung. Dabei stellen sowohl die Bilanzierung nach nationalem Recht als auch die Rechnungslegungsvorschriften der IFRS in weiten Bereichen ähnliche Anforderungen an die Gliederung, die Bewertungsvorschriften sind aber unterschiedlich.[50]

47 Allgemein Norbert Lindenbach, IAS/IFRS (Freiburg 2004) sowie aus der einschlägigen Fachliteratur zum Thema Homberg/Elter/Rothenburger, Bilanzierung von Humankapital nach IFRS am Beispiel des Spielervermögens im Profisport. KoR 2004, S. 249-263.

48 Vgl. statt vieler Prachtner/Butollo/Schmidt-Karall, Rechnungslegung im Vergleich. 2. Aufl. (München 2006) oder Winkeljohann/Büssow in: Beck Bil-Komm. § 252 Rz. 81 ff.

49 Lindenbach, IFRS (a.a.O.), S. 247 m.w.N.

50 Vgl. oben I. 4.

II. Normzwecke

1. Lizenzierung (national)

Für die Bundesliga und 2. Bundesliga regeln Ligaverband und Deutsche Fußball-Liga GmbH (DFL) die Lizenzierung. Der Ligaverband ist der Zusammenschluss der lizenzierten Vereine und Kapitalgesellschaften – Clubs – der beiden Deutschen Fußballlizenzligen. Alle achtzehn Bundes- und Zweitligisten sind Mitglied. Er ist als eingetragener Verein organisiert und führt den Namen „Die Liga – Fußballverband e.V.“. Die DFL führt das operative Geschäft des Ligaverbandes, der einziger Gesellschafter ist. Die Lizenzierungsordnung (LIZENZIERUNGSORDNUNG) ist Teil des Ligastatuts und präzisiert im Zusammenspiel mit weiteren Richtlinien und Durchführungsbestimmungen die Rechte und Pflichten des Ligaverbandes und seiner Mitglieder.[51]

Der Ligaverband konstatiert, dass sich die Vermögenslage der Lizenzclubs deutlich verschlechtert habe und daraus Liquiditätsprobleme resultierten. Auch im Lizenzierungsverfahren 2010/2011 seien negative wirtschaftliche Entwicklungen dokumentiert. Deshalb bestehe Handlungsbedarf. Der Bundesligareport, der die Bundesliga und 2. Bundesliga des Deutschen Profifußballs erfasst, weist einige durchaus alarmierende Zahlen auf. Von einem ausreichenden Finanzpolster kann nicht ernsthaft gesprochen werden. Das Eigenkapital der 36 Lizenznehmer sank 2010 um 2,6 % auf unter 500 Millionen Euro bei über 2 Milliarden Euro Umsatz.[52] Dieser Handlungsbedarf manifestiert sich in den auf der Generalversammlung des Ligaverbandes beschlossenen Änderungen der Statuten. Das von Kapitalgesellschaften nachzuweisende Haftkapital beträgt unverändert mindestens 2,5 Millionen Euro. Vereine müssen kein entsprechendes (positives) Vermögen nachweisen. Es genügt, wenn sie kein negatives Eigenkapital aufweisen.[53] Im Mittelpunkt der Betrachtung stehen die Personalkosten, die seriöse Liquiditätsplanung und der Erhalt beziehungsweise die Erhöhung des Haftkapitals.[54] Die Vermögens-

51 Die Liga Fußballverband e.V., Satzung, Präambel.

52 Vgl. DFL Ligareport 2011, S. 48, 50; siehe dazu Laner/ Nelles, Finanzierungsalternativen (a.a.O.), S. 44ff. Zum ausgesprochenen soliden Eigenkapital von Bayern München und tw. Borussia Dortmund siehe auch: http://www.fcbayern.telekom.de/media/native/pressemitteilungen/jahresabschluss_ag_09_10.pdf;http://www.borussia-aktie.de/?%9F%5D%1B %E7%F4%9D#gmbh. Zum Thema vgl. auch Kern, Besonderheiten (a.a.O.), S. 73 f.

53 Vgl. Ausführlich unten III.1.a.

54 Mitgliederversammlung des Ligaverbandes vom 18.8.2010, Antrag 1 – Satzungsänderung, en bloc beschlossen. Nachfolgend wird auf die Seitenzahlen des fast zweihundertseitigen Antrages Bezug genommen; zitiert als „Antrag 1 – Begründung Seite“.

lage muss transparent und geordnet sein und das Vermögen der Clubs soll nicht durch die Ausgaben des Spielbetriebs gemindert werden.[55] Hauptgrund der Verringerung des Vermögens seien die immer noch sehr hohen Personalaufwendungen, also ganz überwiegend Spielergehälter und Transferzahlungen. Auch wenn die Liga insoweit im europäischen Durchschnitt ein „Musterknabe" ist, gibt es durchaus Anlass zur Besorgnis.[56]

> „Mit dieser Maßnahme soll bezweckt werden, dass Lizenzclubs insbesondere im Personalaufwand als größte Einzelposition zum Lizenzierungsverfahren realistischer und vorsichtiger kalkulieren, weil bei Nichterreichung"

des prognostizierten und lizenzierten Ergebnisses eine Strafe im Nachhinein verhängt werden kann. Es soll sich nicht mehr lohnen, zu optimistische Planzahlen anzunehmen, wenn diese nicht eingehalten werden können. Nach wie vor steht die Liquiditätssituation des Clubs im Mittelpunkt der Betrachtung; es wird aber

> „auch die Vermögenslage und deren voraussichtliche Entwicklung (Eigenkapital als Risikopuffer und Haftungskapital) berücksichtigt".[57]

Hauptziel des Lizenzierungsverfahrens ist Wettbewerbsstabilität für die laufende Saison. Alle Clubs müssen bis zum letzten Spieltag so liquide sein, dass der Spielbetrieb ordnungsgemäß abgewickelt werden kann. Ausgabeverhalten, das zur untersaisonalen Insolvenz führt oder führen kann, muss verhindert werden, da ansonsten eine Wettbewerbsverzerrung drohen würde. Die – noch vorhandenen – Spieler eines insolventen Clubs böten nicht mehr hinreichende Gewähr für ein „korrektes" Spielergebnis. Noch schlimmer wäre, den Spielplan durch Ausfall einer Mannschaft – oder sogar mehrerer Teams – nicht durchhalten zu können. Vor diesem Hintergrund stellt die LIZENZIERUNGSORDNUNG vorrangig auf Liquidität und Liquiditätsplanung ab. Die Höhe von Verbindlichkeiten – Schulden -, Laufzeiten von Darlehen etc. sind daher nur bei ergänzender Betrachtung von Bedeutung, soweit eine Auswirkung auf die Fortführung des Spielbetriebes möglich scheint.[58]

55 Antrag 1 – Begründung S. 143.

56 Vgl. Deloitte, Die wirtschaftlichen Champions im internationalen Fußball. Düsseldorf, Hamburg, Stuttgart, München, Berlin August/September 2008, S. 9.

57 LO Anhang IX, XII.

58 Zum Verfahren Christian Müller, Kostenkontrolle und Wettbewerbssicherung durch Lizenzierungsverfahren. Dargestellt am Reglement der Fußball-Bundesliga. in: Büch/Schellhaaß (Hg.), Ökonomik von Sportligen. Texte-Quellen-Dokumente zur Sportwissenschaft 33. (Schorndorf 2005), S. 53-76 m.w.N. Vgl. auch die Darstellung in LO Anhang X: Kern-Prozess des Lizenzierungsverfahrens.

2. Lizenzierung (international)[59]

Die europäischen Clubwettbewerbe – Champions League und Europa League – werden von der Union des Associations Européennes de Football (UEFA) organisiert. Die UEFA ist ein eingetragener Verein im Sinne von Artikel 60 ff. des Schweizerischen Zivilgesetzbuches mit Sitz in der Schweiz. Die UEFA bezweckt die Behandlung aller Fragen, die den europäischen Fußball betreffen sowie die Organisation und Durchführung von internationalen Wettbewerben und Turnieren des europäischen Fußballs unter Verhinderung jeglicher Methoden und Praktiken, welche die Regularität der Spiele oder Wettbewerbe gefährden oder zum Missbrauch des Fußballs führen.[60]

Die UEFA hat mit einer allgemeinen Information erläutert, vor welchem Hintergrund und mit welcher Zwecksetzung sie neue Regelungen einführt. Ziel sei die grundsätzlich langfristige, aber auch kurzfristig wirksame „Gesundung" der Fußballclubs wie des Profifußballs im Allgemeinen. Den Clubs wird eine höhere Disziplin abverlangt und sie sollen zugleich ermutigt werden, verantwortungsvoll mit Ausgaben und Investitionen umzugehen.[61] Dabei zeigt sich die UEFA insbesondere besorgt über den inflationären Einfluss von Transfers und Spielergehältern, die zu einem finanziellen Fehlbetrag führen, wie der „Club Licencing Benchmarking Report" zeige.[62]

Die Clubs der europäischen Topligen haben im Finanzjahr 2009 bei 12,9 Milliarden Euro Umsatz 1,18 Milliarden Euro Verluste ausgewiesen. Dies entspricht einem Anstieg um 85 %. 37 % der Clubs weisen ein negatives Eigenkapital auf. Zwischen 2005 und 2009 wurde 27 Clubs aus finanziellen Gründen die Teilnahme an europäischen Wettbewerben versagt. Bei einem Achtel aller Clubs haben die Wirtschaftsprüfer ein uneingeschränktes Testat verweigert oder Zweifel an der Fortführungsprognose („Going Concern") gehabt. Erwartet wird, dass bis zur Hälfte der Clubs die finanziellen Kriterien des UEFA FINANCIAL FAIR PLAY nicht erfüllen.[63]

Hinsichtlich des Lizenzierungsverfahrens wird von den Clubs ein Höchstmaß an „Transparenz, Integrität, Kreditwürdigkeit und Verantwortung" verlangt. Aufgrund der Tatsache, dass mehr als einhundert Clubs in den vergangenen Jahren die beantragte Lizenzierung nicht erhalten hätten, sieht sich die UEFA unter Handlungszwang.[64]

59 Ausführlich und aktuell Albert Galli, Finanzielles Fairplay – Die neuen Regelungen der UEFA zur Klub-Lizenzierung und zum Klub-Monitoring. SpuRt 2010, S. 182-187.
60 UEFA Statuten Art. 2; www.uefa.com/interna.
61 Vgl. auch Statement UEFA Direktor Traverso, Bundesliga Report 03/2011, S. 60 f.
62 Club Licencing Benchmarking Report vom 11.1.2011.
63 Pressemitteilung der UEFA: Clublicencing Benchmark Report 2009.
64 Vgl. Einleitung Report, wie zuvor.

Die UEFA will sich unterschiedlicher Mechanismen, um FINANCIAL FAIR PLAY zu schaffen, bedienen. Genannt werden die Verbesserung der wirtschaftlichen und finanziellen Leistungsfähigkeit der Clubs und eine Steigerung ihrer Transparenz und Kreditwürdigkeit. Dabei wird als übergeordnete Größe „Disziplin und Rationalität in den Clubfinanzen" gefordert. Auch Dritte – Gläubiger – sind in den Schutzbereich einbezogen. Die Clubs werden verpflichtet, ihre Verbindlichkeiten gegenüber Spielern, Sozial- und Steuerbehörden sowie anderen Clubs pünktlich zu erfüllen und dies gegenüber dem Lizenzgeber zu bestätigen. Nicht zuletzt fordert die UEFA ein ausgewogenes Einnahmen- und Ausgabenverhalten.[65]

Das Kontrollsystem der UEFA baut dabei auf zwei Säulen auf: Den Lizenzierungskriterien (in finanzieller Hinsicht) und dem sogenannten Monitoring, der Überwachung durch das „Club Financial Control Panel", das 2009 ins Leben gerufen wurde.[66] Bemerkenswert ist weiterhin, dass die UEFA, anders als der Ligaverband und die DFL, die die Beurteilung und alle Entscheidungen intern vornehmen, eine auch mit externen Beratern und Experten besetzte eigene Einrichtung geschaffen hat.[67] Die Lizenz, auch zur Teilnahme an UEFA-Clubwettbewerben, wird nicht von der UEFA erteilt. Lizenzgeber bleibt der jeweilige nationale Verband, der seinerseits die FINANCIAL FAIR PLAY Vorgaben zu adaptieren hat. Auch wenn der professionelle Spielbetrieb nicht mehr unter dem Dach des nationalen Fachverbandes – des DFB – sondern in eigener Rechtsform – Ligaverband – organisiert wird, bleibt es bei dieser Zuständigkeit. Aufgrund der Mitgliederstruktur – die UEFA vereinigt die nationalen Fachverbände, nicht aber Profiligen – musste diese Lösung gewählt werden. Die Lizenzierung für die UEFA-Wettbewerbe erfolgt nicht durch die UEFA. Dieses überwacht die nationalen Verbände und die Clubs bei der Umsetzung und Einhaltung der Vorgaben. Ansprechpartner und Überprüfungsinstanz ist der nationale Verband – also der DFB und der Ligaverband beziehungsweise in seinem Auftrag die DFL -, der für die sportlich qualifizierten Clubs eine Überprüfung im Rahmen der LIZENZIERUNGSORDNUNG durchführt.

Auf Grundlage der bisherigen Lizenzierung, national wie international, werden dann nach den neuen Richtlinien weitergehende Informationen und Zahlen ver-

65 Financial Fair Play Medieninformation vom 11.1.2011 S. 5 – „Regulation aim, among other things, to achieve financial fair play in UEFA club competitions and in particular to encourage clubs to operate on the basis of their own revenues". Verabschiedet wurde das Reglement am 27.5.2010 vom UEFA Exekutivkomitee.

66 Das Control Panel kontrolliert einerseits die Clubs bzw. deren Finanzen im Hinblick auf FINANCIAL FAIR PLAY, andererseits indirekt die Landesverbände im Hinblick auf deren Lizenzierungsverfahren bzw. die Kompatibilität mit UEFA-Vorgaben.

67 Zur Konzernrechnungslegung vgl. ausführlich unten III.1.b. Zum Panel vgl. UEFA Financial Fair Play Media Information – 11 January 2011, p. 8 "Club Financial Control Panel" sowie Art. 53-56, 71-73 Financial Fair Play.

langt. Das Monitoringverfahren der Artikel 57 ff. FINANCIAL FAIR PLAY greift ein. Wird das FINANCIAL FAIR PLAY nicht eingehalten, können Sanktionen verhängt werden, Artikel 63 Absatz 4, 68 FINANCIAL FAIR PLAY. Da die „break-even"-Vorgaben weitergehende Informationen benötigen als das nationale Lizenzierungsverfahren, müssen weitere Unterlagen vom Club erstellt und von der DFL an die UEFA übermittelt werden. Hervorzuheben ist, dass die DFL eine Ausnahme im Hinblick auf die von der UEFA geforderte Konzernrechnungslegung beantragt und erhalten hat. Bemerkenswert ist weiterhin, dass die UEFA, anders als der Ligaverband und die DFL, die die Beurteilung und aller Entscheidungen intern vornehmen, eine auch mit externen Beratern und Experten besetzte eigene Einrichtung geschaffen hat.[68]

68 Zur Konzernrechnungslegung vgl. ausführlich unten III.1.b. Zum Panel vgl. UEFA Financial Fair Play Media Information – 11 January 2011, p. 8 "Club Financial Control Panel" sowie Art. 53-56, 71-73 Financial Fair Play.

III. Verbandsrecht

1. Lizenzierung (national)

a) Vermögenslage

Die wenigen Vorgaben des Vereinsrechts sind nicht aussagekräftig genug für ein (strenges) Lizenzierungsverfahren. Eine Neuregelung beziehungsweise Differenzierung für die Rechnungslegung von Vereinen durch Verbandsstatut wäre daher zwingend. Die Bilanz nach dem Handelsgesetzbuch umfasst auch Bereiche, die für Sportkapitalgesellschaften eher weniger relevant sind. In anderen Bereichen dagegen ist Bedarf nach Detaillierung. Die Lizenzierungsordnungen sehen deshalb, auch zur Vergleichbarkeit, für alle Teilnehmer des Spielbetriebs, unabhängig von der Rechtsform, einheitliche Gliederungen und entsprechende Sonderpositionen insbesondere im Bereich der immateriellen Vermögensgegenstände wie Firmen-/ Markenwert oder „Spielerlizenzen“ vor.[69]

In § 8 und § 8 a. regelt die LIZENZIERUNGSORDNUNG die finanziellen Kriterien, die unter anderem in ihren Anhängen VII, VII a und IX detailliert werden. Dabei werden dem Grundsatz nach die handelsbilanziellen Vorgaben wiedergegeben und so auch für die Rechtsform des Vereins verbindlich. Anhang VII und VII a. zur LIZENZIERUNGSORDNUNG nehmen ausdrücklich Bezug auf die Vorschriften des Handelsgesetzbuchs. Ziffer 5. ist eine Wiedergabe der Gliederungsvorschriften der einzureichenden Bilanz, die einige sport- beziehungsweise fußballspezifische Sonderpositionen und Präzisierungen der handelsrechtlichen Definitionen enthält.[70]

Eine Unterscheidung, welchen Bereich Personalaufwendungen betreffen – Profis, Nachwuchs, Verwaltung etc. – macht die LIZENZIERUNGSORDNUNG nicht. Es gibt auch sonst keine Unterscheidung zwischen „guten“ und „schlechten“ Aufwendungen; es wird auf das Gesamtergebnis abgestellt.[71]

Eingetragene Vereine sind – aus historischen Gründen – ohne weitere Anforderungen an das Eigenkapital grundsätzlich zum Spielbetrieb zugelassen. Als weitere Rechtsformen sind die Gesellschaft mit beschränkter Haftung (GmbH), die Aktiengesellschaft (AG) und die Kommanditgesellschaft auf Aktien (KGaA) möglich. Komplementär und damit persönlich haftender Gesellschafter bei der KGaA

69 Vgl. unten III. 1. a. und c.
70 Details und Text unter http://www.bundesliga.de/de/dfl/interna/.
71 Anders aber Financial Fair Play, vgl. unten III. 2. b.

kann der Mutterverein sein; in der Praxis wird regelmäßig eine Gesellschaft mit beschränkter Haftung parallel errichtet und zur Komplementärin bestellt.[72] Kapitalgesellschaften müssen ein Mindesteigenkapital oberhalb der gesetzlichen Schwellen vorweisen. Die geforderte Mindesthaftkapitalausstattung beträgt für die Gesellschaft mit beschränkter Haftung (GmbH), die Kommanditgesellschaft auf Aktien (KGaA) und die Aktiengesellschaft (AG) gleichermaßen 2,5 Millionen Euro Stamm- beziehungsweise Grundkapital und muss testiert werden. Eine Variabilität oder ein Bezug zum Umsatz oder Ähnlichem sind nicht vorgesehen.[73]

Im Rahmen der jüngsten Änderungen beziehungsweise Verschärfungen sollte die Möglichkeit, das Grundkapital von 2,5 Millionen Euro zeitweise zu unterschreiten, abgeschafft werden. Gestrichen wurde der nachfolgend zitierte Satz 2 von § 8 Absatz 8 LIZENZIERUNGSORDNUNG:

> „Eine spätere Veränderung des gezeichneten Kapitals, dabei insbesondere eine Kapitalherabsetzung, kann nur nach vorheriger Zustimmung der DFL erfolgen. Diese prüft die wirtschaftlichen Auswirkungen der geplanten Maßnahme im Einzelfall und insbesondere im Hinblick auf Veränderungen beim haftenden Eigenkapital. Die DFL kann ihre Zustimmung mit kapitalbezogenen Auflagen verbinden."

Da von der Ausnahmeregelung, die Begehr eines einzigen Clubs gewesen sei, ohnehin kein Gebrauch gemacht wurde, könne sie gestrichen und die LIZENZIERUNGSORDNUNG somit in den ursprünglichen Stand „zurückversetzt" werden.[74] § 8 Absatz 7 (neu) LIZENZIERUNGSORDNUNG lautet nunmehr:

> „Kapitalgesellschaften müssen zum Zeitpunkt der erstmaligen Lizenzerteilung zum Nachweis ihrer wirtschaftlichen Leistungsfähigkeit darlegen, dass das gezeichnete Kapital (§ 272 Abs. 1 HGB) mindestens € 2.500.000 beträgt. (...)"

Dabei wird jedoch übersehen, dass auch die Ursprungsfassung einen Formulierungsfehler beinhaltet. Bei einer Auslegung nach dem Wortlaut ist „erstmals" nur so zu verstehen, dass die erste Lizenzierung einer – gerade ausgegliederten – Kapitalgesellschaft, nicht aber die Folgenden, den Mindesthaftkapitalnachweis bedingen. Ob und in welchem Rahmen sich vor allem Clubs der 2. Bundesliga, denen aufgrund von Abschreibungen auf Firmen- und Spielerwerte in den Folgejahren nach einer Ausgliederung die Haftkapitalvorschriften oft Probleme bereiten, sich auf den Wortlaut berufen und das Grund- oder Stammkapital herabsetzen, bleibt abzuwarten. Die Antragsbegründung jedenfalls war eindeutig entgegengesetzt und den Clubs (theoretisch) bekannt beziehungsweise ausgehändigt.

72 Allgemeiner Überblick bei Michael Siebold/Joachim Wichert, Die KGaA als Rechtsform für die Profiabteilungen der Vereine der Fußball-Bundesligen. Sp*u*Rt 1998, S. 138-143.

73 § 8 Nr. 8 S. 1 LO.

74 Antrag 1 – Begründung S. 29.

Zukünftig wird bei negativem bilanziellen Eigenkapital nicht mehr nur eine Kapitalauflage verhängt, die eine weitere Verschlechterung untersagt. Vielmehr muss das negative Eigenkapital verbessert werden. Clubs, die in der Bundesliga spielen, müssen ein negatives Kapital zum Folgestichtag 31.12. um zehn Prozent, Clubs der 2. Bundesliga um fünf Prozent vermindern. Das Nichteinhalten dieser Vorgabe wird zunächst mit einer Geldstrafe von zehn Prozent der „fehlenden Verbesserung", im Wiederholungsfall mit Punktabzug sanktioniert.[75]

In der Konsequenz bedeutet dies, dass, ebenso wie im Gemeinnützigkeitsrecht,[76] die Clubs gezwungen werden, etwaige Vorjahresverluste, die nicht durch Eigenkapital gedeckt waren, im Folgejahr partiell auszugleichen und dementsprechend zwingend einen Gewinn erwirtschaften müssen. Dieser Gewinn kann entweder im operativen Geschäft durch entsprechende Mehrerlöse oder Minderausgaben generiert werden oder aber durch Dritte als Zuschuss. Die Möglichkeit der Eigenkapitalverbesserung durch Gesellschaftereinlagen, Kapitalherabsetzung mit anschließender Kapitalerhöhung oder sonstigen Eigenkapitalmaßnahmen besteht im nationalen Wettbewerb weiterhin. Gesellschafter können, unabhängig von ihrer Beteiligungsquote, Leistungen in das Gesellschaftsvermögen (Aufgeld – Agio) erbringen, ohne im Gegenzug (weitere) Gesellschafterrechte erhalten zu müssen. Es kann auch mit der Spielbetriebskapitalgesellschaft eine (atypisch) stille Gesellschaft begründet werden, durch die Transfers oder Sportstätten finanziert werden. Solche Zahlungen oder Einlagen sind zum Verlustausgleich und zur Eigenkapitalverbesserung geeignet. Ein operativer Verlust, der durch den Mutterkonzern oder einen Gesellschafter auf gesellschaftsrechtlicher Basis ausgeglichen wird, führt dann nicht zu negativem Eigenkapital. Das Mutterunternehmen bei Konzerngesellschaften kann für Sponsoring oder andere Leistungen, die bei objektiver Betrachtung nicht dieser Höhe erbracht würden, positive Effekte auf Ebene des Clubs generieren. Ebenso können nahestehende Dritte unangemessene Vergütungsvereinbarungen treffen und so den Club finanziell besser stellen als bei Leistungsverrechnung nach „üblichen Marktpreisen". Zukünftig nicht mehr genügend ist die darlehensweise Gewährung, da diese auch bei Rangrücktritt als Verbindlichkeit zu passivieren ist und so die Bilanz nicht entlasten.[77]

Die DFL will ihre Clubs weiterhin strikt dazu anhalten, fällige Verbindlichkeiten zeitnah, jedenfalls bis zur Lizenzierung, zu begleichen. Die Clubs müssen gemäß § 8 Absatz 2 c. in Verbindung mit § 8 Absatz 3 LIZENZIERUNGSORDNUNG bestätigen und durch Wirtschaftsprüfer nachweisen, dass alle fälligen Transferverpflichtungen gegenüber anderen Clubs, Spielern und Verbänden ebenso erfüllt sind wie Sozialabgaben, Lohnsteuern und Steuern beziehungsweise diese Gegen-

75 Antrag 1 – Begründung S. 30; §§ 8, 8 a., Anhang IX Ziffer 4 – Kapitalauflage.
76 Vgl. oben I. 2.
77 Vgl. Küting/Strauß, Rechnungsabgrenzungsposten (a.a.O.). Der Betrieb 2010, S. 1191.

stand eines nicht offensichtlich unbegründeten gerichtlich anhängigen Rechtsstreits sind (keine überfälligen Verbindlichkeiten). Eine entsprechende Regelung findet sich auch für die Zwischenabschlüsse mit Bestätigungsvermerk in § 8 a. Absatz 2 LIZENZIERUNGSORDNUNG.

Darüber hinaus verlangt die LIZENZIERUNGSORDNUNG selbstverständlich, da (dauerhafte) Liquidität ein Hauptziel ist, eine Liquiditätsplanungsrechnung.[78] Die Darstellung orientiert sich an den (Vorjahres-) Abschlüssen, der dort darzustellenden Vermögenslage und den Auswirkungen auf das Lizenzierungsverfahren. Die Abweichung des tatsächlichen Personalaufwands vom prognostizierten Personalaufwand wird sanktioniert, wenn der Club nicht eine Überschreitung durch Mehrerträge oder Minderaufwendungen ausgleichen kann. Da zu hoher beziehungsweise unangemessener Aufwand für Spieler als Hauptgrund für eine schlechte Finanzverfassung gesehen wird, ist ein besonderes Augenmerk und eine deutliche „Gängelung" der Clubs in dieser Hinsicht konsequent.[79]

b) Beteiligungen

Erstmals verlangt die LIZENZIERUNGSORDNUNG nicht nur den einzelnen Abschluss und die Zahlen der Spielbetriebsgesellschaft als Grundlage im Lizenzierungsverfahren, sondern erwähnt den Konzernabschluss. In der Erläuterung zu den Änderungsanträgen wird ausdrücklich auf den Informationsgehalt eines Konzernabschlusses abgestellt:

> „Lizenznehmer, die aufgrund gesetzlicher Anforderungen oder freiwillig einen Konzernabschluss erstellen, wobei der Lizenznehmer jeweils als Mutter betrachtet wird, sind verpflichtet, diesen nach begründeter Anforderung durch die DFL Deutsche Fußball Liga GmbH vorzulegen."[80]

Die Formulierung deutet an, wie schwierig dieses Thema in Praxis ist. Zum Einen muss der Spielbetrieb in eine Kapitalgesellschaft ausgegliedert und der Lizenznehmer Obergesellschaft sein, damit aufgrund gesetzlicher Anforderungen ein Konzernabschluss erstellt wird. Zum Anderen muss die DFL die Anforderung begründen. Eine Offenbarungspflicht besteht aber bei „freiwilliger" Konzernrechnungslegung. Und schließlich musste der DFB für den Ligaverband eine Befreiung von den zwingenden UEFA-Vorgaben beantragen.[81]

Eingetragene Vereine als „Konzernmutter" sind nicht gesetzlich verpflichtet, können aber ebenso wie Kapitalgesellschaften und bei untergeordneten Personen-

78 Vgl. § 8 LO.
79 Antrag 1 – Begründung S. 34 sowie LO Anhang IX zu den Details.
80 Antrag 1 – Begründung S. 27, 35; § 8 a. LO – Finanzielle Kriterien Teil II Ziffer 7.
81 Vgl. zur juristischen Problematik oben I. 3.

gesellschaften „freiwillig“ oder wegen der UEFA-Anforderungen einen Konzernabschluss erstellen. Ein Konzernabschluss ist auch national, insbesondere im Rahmen der Außenfinanzierung, ohnehin häufig ein Verlangen der Gläubiger. Dementsprechend kann hierüber mittelbar im nationalen Lizenzierungsverfahren ein Konzernabschluss zur Verfügung stehen. Spannend bleibt die Frage, ob und auf welchem Weg die DFL erfahren wird, ob ein Konzernabschluss erstellt wurde. Wann sind die Clubs verpflichtet, sich zu offenbaren, wenn keine gesetzliche oder statuarische Verpflichtung zur Konzernrechnungslegung besteht?[82]

Eine Gefahr fehlender Konsolidierung ist, dass durch legale Gestaltungsmaßnahmen das Bild der tatsächlichen Vermögensverhältnisse verschleiert werden kann. Lagert die Spielbetriebsgesellschaft Aufwand und Verbindlichkeiten in Tochtergesellschaften, die nicht konsolidiert werden, aus, können Aufwendungen und Schulden geringer erscheinen, als sie tatsächlich sind. Werden das Nachwuchsleistungszentrum, die Spielstätte, Trainingsgelände oder sonstige Investitionsobjekte in nicht konsolidierten Tochtergesellschaften geführt, erscheinen die Ergebnisse nicht auf Ebene der Spielbetriebsgesellschaft. Refinanziert die nutzende Spielbetriebsgesellschaft Betriebs- und Kapitalkosten nicht (vollständig), verbleibt das „schlechte“ wirtschaftliche Ergebnis unterhalb der Spielbetriebsgesellschaft und die Gesamtfinanzlage ist nicht transparent. Die Spielbetriebsgesellschaft erscheint „reicher“ als sie es wäre, wenn sie den Aufwand selbst und unmittelbar tragen müsste. Dasselbe Prinzip gilt auch in Holdingkonstruktionen, an deren Spitze nicht die Spielbetriebsgesellschaft steht. Darüber hinaus sind Vermögensverschiebungen durch unterschiedliche Bilanzstichtage oder Zahlungsflüsse im Konzern denkbar, die legal sind, den durch das Lizenzierungsverfahren gewünschten Effekt der Darlegung der „tatsächlichen“ Vermögensverhältnisse aber verhindern.[83]

Die DFL und der Ligaverband setzen an dieser Stelle nicht auf eine Offenlegung durch die Clubs. Die Wirtschaftsprüfer beziehungsweise deren Prüfung und deren Bericht zur Prüfung sollen weitere Erkenntnisse bringen. Zu jeder Beteiligung über zehn Prozent der Stimmrechte sind im – vom Wirtschaftsprüfer analog § 317 Absatz 2 HGB zu testierenden – Lagebericht weitergehende gesellschaftsrechtliche und wirtschaftliche Angaben erforderlich. Verträge über die Überlassung von Zeichen- und Namensrechten, Veranstalterrechten oder Mietverträgen sind ebenso wie „die Beziehungen des Bewerbers zu beteiligten und verbundenen Unternehmen grafisch“ darzustellen und auf ihre „Angemessenheit von Leistungen und erhaltenen Gegenleistungen zu beurteilen“.[84]

82 Vgl. oben I.3.
83 Küting/Strauß, Financial Fair Play im Profifußball. Der Betrieb 2011, S. 71.
84 § 8 Abs. 2 LO und LO Anhang VII, Gemeinsam für Teil 1 und 2, Ziff. 5.4, S. 21.

Die wissenschaftlichen Darstellungen[85] und öffentlichen Äußerungen[86] zur so genannten „50+1-Regel“ sollen hier nicht wiederholt werden. Im Kern geht es darum, ob in einen Fußballclub nach gewöhnlichen „Marktbedingungen“ investiert werden kann oder, ob die Autonomie des Ligaverbandes und die damit verbundene Möglichkeit, sich auch außerhalb europa- und verfassungsrechtlicher Regelungen eigenen, anderen Normen zu unterwerfen, vorgehen. Die bewusste und gewollte Entscheidung, ein „Investment“ in deutsche Fußballkapitalgesellschaften unattraktiv zu machen, um dadurch Investoren, die auf das Wohl und Weh ihres Investments auch tatsächlich Einfluss nehmen wollen, fernzuhalten,[87] ist abzuwägen gegen das Wettbewerbsrecht, die Kapitalverkehrsfreiheit und, weil es mit Wolfsburg und Leverkusen mindestens zwei zugelassene Ausnahmen gibt, den Gleichbehandlungsgrundsatz.[88] In anderen Ligen und Ländern bestehen Restriktionen wie 50+1 nicht oder nicht in vergleichbarer Weise. Weder im Basketball noch im Eishockey ist in Deutschland eine Beschränkung von Stimm- oder Geschäftsanteilen für Investoren vorgesehen; lediglich die Rechts- und Beteiligungsverhältnisse sind offenzulegen.[89] Der Handball hat eine modifizierte Regelung gefunden, nach der dem Mutterverein zumindest eine Sperrminorität hinsichtlich der Stimmrechte verbleiben muss.[90]

Die italienische Liga geht grundsätzlich davon aus, dass der Profifußball in Form einer Aktiengesellschaft betrieben wird. Hier gibt es keine Beschränkungen für Mehrheits-, wohl aber für Mehrfachbeteiligungen. Die spanische Liga schreibt den Clubs grundsätzlich die Rechtsform einer Aktiengesellschaft vor, lässt jedoch Ausnahmen zu. Aktiengesellschaften unterliegen erhöhten Kontrollpflichten, jedoch

85 Michael Siebold/Thomas Dehesselles, Beteiligungen an Sportclubs – Rechtliche Möglichkeiten. Sponsors 10/2007, S. 38 f; Peter Heermann, Mehrheitsbeteiligung an einer Fußballkapitalgesellschaft. causa sport 2007, S. 426-436. Max Kindler, Football Club Ownership in England and Germany, The effectiveness and lawfulness of the „50 plus 1 rule“ and what Germany can learn from England. (München 2008), S. 23. f. Andreas Klees, Die so genannte „50+1“ Regel im deutschen Profifußball im Lichte des europäischen Wettbewerbs. EUZW 2008 S. 391-394. Martin Stopper, Die 50+1-Regel im deutschen Profifußball. WRP 2009, S. 413-421. Dirk Verse, Die „50+1“ Regel zwischen Verbandsautonomie und Wettbewerbsfreiheit. causa sport 2010, S. 28-39.

86 Dehesselles in: Handelsblatt vom 13.12.2007; Kind in: Focus.de vom 26.1.2011, 11freunde.de vom 10.8.2009, sueddeutsche.de vom 31.7.2009; Watzke in: Focus.de vom 19.5.2010, handelsblatt.com vom 18.10.2009.

87 Christian Müller, Wettbewerbsintegrität als Oberziel des Lizenzierungsverfahrens der Deutsche Fußball Liga GmbH. in: Zieschang/Klimmer (Hg.), Unternehmensführung im Profifußball (Berlin 2004), S. 21-41, insbesondere S. 29 ff.

88 Vgl. auch Thomas Dehesselles, The legal framework based on EU/EC law, in: Tokarski/Petry/Goll/Mittag (Hg.), A perfect match, Sport and the European Union. (Aachen 2009), S. 109-145, hier S. 111 f.

89 §§ 2 (g), 5 Nr. 1 S. 3, 9 BBL Lizenzstatut.

90 §§ 16 Abs. 1, 2 DHB-Satzung, §§ 1 Abs. 2, 3; 7 Richtlinien zur Erteilung von Lizenzen am Spielbetrieb Männer.

nicht hinsichtlich der Beteiligungsmöglichkeiten und Quoten. Lediglich für Mehrfachbeteiligungen wird eine Stimmrechtsbegrenzung auf fünf Prozent gefordert.[91]

In den Vereinigten Staaten sind – aus unterschiedlichen Gründen, in unterschiedlicher Organisationsform – Kapitalgesellschaften in allen Profisportarten die Regel und Mehrfachbeteiligungen nicht unüblich.[92] Der Fußball in England hat keine durch Verbandsnormen vorgeschriebene bestimmte Rechtsform oder Beteiligungsbedingungen. Historisch bedingt werden die Clubs der Profiligen in Nichtvereinsrechtsform betrieben; üblich sind Aktiengesellschaften. Da die Mehrheit der Clubs als Aktiengesellschaft organisiert sind, die an einer öffentlichen Börse – London Stock Exchange – gehandelt werden, richten sich die Regelungen zum Erwerb von Beteiligungen nach dem Companies Act. Der Fußballverband beschränkt lediglich die Möglichkeit der Mehrfachbeteiligung, nicht aber einer Mehrheitsbeteiligung.[93]

Sportspitzenverbände wie der DFB und der Ligaverband, haben aufgrund des so genannten „Einplatzprinzips“[94] besondere Beschränkungen im Hinblick auf ihre Satzung und inneren Ordnungen zu beachten. Da sie der einzige Anbieter an einem geschlossenen Markt sind – ohne Mitgliedschaft im Ligaverband kein Profifußball in der Bundesliga und 2. Bundesliga – können sie nicht einfach unter Berufung auf ihre Autonomie jedwede Regelung treffen, wenn sie nur (mehrheitlich) von ihren Mitgliedern beschlossen wird. Vielmehr unterliegen sie Grenzen, die nachfolgend nur angedeutet werden sollen.[95]

Grundvoraussetzung ist, dass die gesetzte Norm einen legitimen Zweck verfolgt und zum Erreichen dieses Zwecks geeignet ist. Dementsprechend wäre zu überprüfen, ob das Verhindern von Investoren, die auf Entscheidungen in der Sportkapitalgesellschaft Einfluss nehmen wollen, ein legitimer Zweck ist und die Regelung tatsächlich geeignet ist, Investoren abzuschrecken. Letzteres kann man im Rahmen der geführten öffentlichen Auseinandersetzungen würdigen. Nur wenn beide Voraussetzungen vorliegen, ist zu prüfen, ob zur Erreichung dieses Zwecks keine milderen Mittel – beispielsweise Einstimmigkeitserfordernisse bei der Geschäftsführerabberufung und –bestellung, Vetorechte – zur Verfügung stehen. Aus anderen Branchen und Sportarten ist ein breites Instrumentarium an Möglichkeiten entsprechender Gestaltungen bekannt, deren Umsetzung in der Fußballbranche auch

91 Bspw. Spanien Gesetz aus dem Jahr 1990 (Sportgesetz 10/1990 einschließlich Zusatzverordnungen; Dekrete aus den Jahren 1991 und 1995).

92 Simon Weiler, Mehrfachbeteiligungen an Sportkapitalgesellschaften, Verbote von "Multi-Club Shareholding" und deren Grenzen aus der Sicht europäischen Rechts unter besonderer Berücksichtigung des Profifußballs in Deutschland, (Berlin 2006), S. 45-48.

93 Vgl. Kindler, Club Ownership (a.a.O.). Heermann, Beteiligungen (a.a.O.). causa sport 2007, S. 423 f.

94 Vgl. BGH vom 2.12.1974, BGHZ 63, 282.

95 Zu den Grenzen instruktiv LG Hannover vom 08.4.2008, 18 O 23/06; http://www.sportrecht.org/urteile/18%20O%2023%20-%2006.doc.

möglich wäre. Nur wenn die 50+1-Regel in ihrer gewählten Form eine verhältnismäßige Beschränkung darstellt, wäre sie nach diesen Maßstäben rechtskonform und zulässig.[96]

Im Rahmen der Abwägung sind auch Nachteile der bestehenden Regelung, die dem Verein „absolute Durchsetzungsfähigkeit“ garantiert, zu diskutieren. Ein eingetragener Verein wird in letzter Konsequenz durch sein höchstes Organ, die Mitgliederversammlung, bestimmt. Diese ist in Großvereinen und gerade im Fußball weniger von rationalen als von emotionalen Auftritten, Meinungsbildungen und Abstimmungsverhalten geprägt. Auf Basis der 50+1-Regel gibt es keine Möglichkeit, die Mitgliederversammlung auf ein „verträgliches Maß“ an Mitbestimmungsrechten zurückzuführen. Dass ein Letztentscheidungsrecht der Mitglieder des Muttervereins beziehungsweise die „Mehrheit der Stimmrechte“ nicht in jedem Fall positiv für die Stabilität und die langfristige Solidität eines Vereins sein muss, ist offenkundig und allein als „Tradition“ zu wenig begründet.

Vor diesem Argument muss daher sorgfältig abgewogen werden, ob die „Herrschaft der Fans“ durch die 50+1-Regel langfristig gewünscht und gewollt ist oder wie mittel- und langfristige Stabilität und Seriosität gesichert werden können. Dass jedenfalls strategische Investoren den emotionalen und wechselnden Stimmungen „aus der Kurve“ sich zu unterwerfen nur geringfügig geneigt sind, ist gut nachzuvollziehen. Dabei gilt es nicht für oder gegen das eine oder andere zu stimmen. Mitglieder an sich sind durchaus zu strategischen und langfristigen Entscheidungen in der Lage, wenn es gelingt, ein repräsentatives Abstimmungsergebnis aller, und nicht nur besonders „aktiver“ und sich artikulierender Mitglieder beziehungsweise Mitgliedergruppen zu erhalten. Dabei verhält es sich auf Mitgliederversammlungen oder im Vorfeld häufig wie in der Politik: jeder kann alles verlangen, so lange er nicht die Verantwortung für und Finanzierung der Begehrlichkeiten tragen muss. Hier kollidieren dann wirtschaftlich und/oder sportlich Mögliches mit den Träumen und Phantasien der „Mitgliederfans“, die Unmögliches oder Paradoxa verlangen.[97] Beliebtes Beispiel mag das Erreichen eines Aufstiegs-/ Meisterschaftsplatzes bei gleichzeitigem Rückbau aller Sitzplätze insbesondere Business Seats in Stehplätze und dem Verzicht auf „übermäßiges“ Sponsoring sein.[98]

96 Heermann, Mehrheitsbeteiligungen. (a.a.O.) causa sport 2007, S. 430 ff. m.w.N.

97 Inzwischen sogar in der Fach- und Boulevardpresse kritisch gesehen, vgl. Straten: „Es geht um mehr als Hoeneß“ in BILD vom 4.4.2011 oder – allerdings nicht zu Ende gedacht – Kuska, Sponsors 4/2011, S. 35: „Nicht mehr zeitgemäß“. Nicht die Strukturen – Mitgliederversammlung/Aufsichtsrat/Vorstand – sind unzeitgemäß, sondern der Umgang damit bzw. das Problem, ob die Mitgliederversammlung den repräsentativen Durchschnitt der Mitglieder abbildet oder eine Bühne der Lautstarken ist.

98 Beispielsweise Jahreshauptversammlung DSC Arminia Bielefeld vom 5.5.2010. www.dsc-arminia.de/fileadmin/arminia09-10/JHV_und_Co/Protokoll_JHV2009.pdf – dort S. 38.

Wenn und so weit sich die aktive, engagierende und insbesondere artikulierende Mitgliedschaft auch noch in der Titulierung als „Sozialromantiker"[99] gefällt, andererseits aber ein Höchstmaß an sportlicher Wettbewerbsfähigkeit verlangt wird, ist klar, dass hier wirtschaftliche Vernunft, sportlicher Sachverstand und behauptete Tradition in einen nicht aufzulösenden Widerspruch geraten. Formuliert heißt es beispielsweise:

> „Abgesehen davon muss es natürlich trotzdem (zumindest ein paar) Dinge geben, in denen auf das „moralische Veto" der engagiertesten Mitglieder und der Südkurve gehört werden muss: dafür stehen Dinge wie „Rettung der Blauen" oder „Verpflichtung von Schalke-Ultra Neuer" geradezu beispielhaft. Es gibt – trotz Sport und Business – ein paar Dinge, die TABU sind und es bleiben sollten!"[100]

Mit dem zunehmenden Machtbewusstsein dieser Gruppierungen geht häufig eine Verschiebung in den Kontrollgremien, zumeist auch eine Vergrößerung derselben, einher. Um eine Einbindung zu dokumentieren oder tatsächlich zu erreichen, werden regelmäßig eher größere Aufsichtsgremien – bis zu zwölf Aufsichtsratsmitglieder – geschaffen. Nur wer sich den vermeintlich mitgliederstarken Meinungen oder Führungspersönlichkeiten anschließt, hat eine realistische Chance, gewählt zu werden. Auch durch entsprechende Strukturierung der Vergabe der Aufsichtsratsitze beispielsweise durch Zuweisung an Abteilungen oder Mitgliedergruppen wird das Problem nicht gelöst. Dann verlagert sich die Auseinandersetzung in die Abteilungen. Darüber hinaus besteht bei einer zu großen Anzahl von Entscheidungsträgern regelmäßig ein ernsthaftes Vertraulichkeitsproblem.[101]

Auch durch Zwischenschaltung eines Aufsichtsrates oder von Wahlausschüssen gelingt es nicht, konsequent zu verhindern, dass in der Versammlung selbst von den dort sich artikulierenden Mitgliedern, die nicht zwingend repräsentativ für die Meinung der Mitgliedschaft insgesamt sein müssen, Stimmungen erzeugt und Beschlüsse verbindlich gefasst werden. Ob das sinnvoll und der Entscheidung eines Investors vorzuziehen ist, wäre ergebnisoffen zu diskutieren. Diese Beschlüsse können sowohl Personenwahlen sein als auch – verbindliche – Weisungen an den Vorstand, da die Mitgliederversammlung dem Vorstand jederzeit Weisungen erteilen kann.[102]

99 Beim FC St. Pauli e.V. hat sich der Begriff „Sozialromantiker" durchgesetzt. In der Vereinssatzung (Stand: 14.11.2010) heißt es in § 13 Abs. 5 lapidar:
„Im Übrigen ist die Mitgliederversammlung auch berechtigt, Aufträge an die Organe des Vereins zu erteilen, die ihr operatives Geschäft betreffen."

100 Allianz Arena München, Gruppe „Schickeria München". Plakat beim Heimspiel von Bayern München, zitiert nach BILD vom 4.4.2011.

101 Beispielhaft seien hier die Vorgänge beim Hamburger Sportverein e.V. und die Problematik der Verpflichtung eines Sportdirektors genannt.

102 § 27 Abs. 3 i.V.m. § 664 ff. BGB.

Nicht nur die Beteiligung an, sondern auch von Clubs ist reglementiert, § 8 Absatz 2 Ligaverbands-Satzung, § 16 c. Nr. 2 Satzung DFB. Deutschen Fußballclubs ist es verboten, sich an anderen Fußballkapitalgesellschaften – unabhängig, ob Bundesliga oder 2. Bundesliga – zu beteiligen, so genannte Überkreuzbeteiligung. Es ist allerdings ein und demselben Investor durchaus möglich, sich an mehreren Sportkapitalgesellschaften zu beteiligen, so genannte Mehrfachbeteiligung, wenn die Vorgaben von 50+1 beachtet werden. Eine überwiegende Beteiligung an Gewinn und Verlust bei gleichzeitiger Limitierung der Stimmrechte in der Gesellschaft unter 50 Prozent oder eine vollständigen Übernahme aller Kommanditanteile in einer GmbH & Co. KGaA ist zulässig. Grundsätzlich zulässig ist die – mehrheitliche – Beteiligung an sonstigen Tochtergesellschaften von Clubs, solange in der Spielbetriebsgesellschaft 50+1 beachtet wird.

Die 50+1-Regel ist die bekannteste, nicht aber die einzige Beschränkung für Investitionen und Investoren. Die Diskussion um Wettbewerbsbeeinflussung wird an Beispielen von Investoren, Hauptsponsoren und Vermarktern geführt und geht bis zu der Frage, ob Mehrfach-Trikotsponsoring zulässig sein kann und darf. Die Volkswagen AG und deren Engagement beim Bundesligisten VfL Wolfsburg GmbH sowie die Audi AG bei der FC Bayern München AG – und vielleicht zukünftig auch Porsche oder MAN bei anderen Clubs wie Stuttgart oder Ingolstadt[103] – als auch das Beispiel Kinowelt beziehungsweise Sportwelt mit vermeintlich fünfzehn Beteiligungen haben zu Irritationen geführt. Spielen von ein und demselben Investor geförderte Clubs in ein und demselben Wettbewerb gegeneinander, werden häufig und vor allem in einer sportlichen Krise Verdachtsmomente unausweichlich sein, wenn der „Schwächere" überraschend gegen den „Stärkeren" gewönne. Bemerkenswert ist in diesem Zusammenhang, dass die DFL Grund zum Einschreiten andererseits bereits angenommen hat, als ein und dasselbe Unternehmen als Trikot- beziehungsweise Hauptsponsor bei zwei Beteiligten eines Wettbewerbs aufgetreten ist; gänzlich ohne gesellschaftsrechtliche Beteiligung. Andererseits wird das VW- und Audi-Engagement mit gleichzeitiger gesellschaftsrechtlicher Beteiligung gebilligt. Vor dem Hintergrund möglicher Einflussnahme oder Wettbewerbsverzerrungen ist dies kritisch zu hinterfragen.

Die Beispiele aus Vergangenheit und Gegenwart, in denen eine einflussreiche Person als Vereinspräsident den Verein finanziell „am Leben" gehalten und zugleich auch „beherrscht" hat, dürften allgegenwärtig sein. Diese Form des tatsächlichen Verhaltens und der Investition wird von den Statuten nicht bekämpft, obwohl die Situation faktisch identisch ist mit den „verboten", weil die 50+1-Regel tangierenden, gebrandmarkten Investitionen, wie sie teilweise in England oder Italien zu beobachten sind. Auch unterhalb der Schwelle der gesellschaftsrechtlichen Al-

103 Vgl. Zerfaß, Wird die Bundesliga zur VW-Betriebsmeisterschaft? Zeit online vom 1.10.2009 http://www.zeit.de/sport/fussball/2009-09/audi-fc-bayern-wolfsburg-hoeness.

leinentscheidungsmöglichkeit ist Beeinflussung denkbar. Ist eine Beteiligung an einer ausgegliederten Marketinggesellschaft, die die Rechte des Clubs hält, neben der Spielbetriebsgesellschaftsbeteiligung gegeben, wächst der Einfluss. Fließen darüber hinaus noch sonstige Mittel in den Club, sei es als Sponsoring oder als Darlehen, ist spätestens ab Überschreiten gewisser Finanzierungsanteile der tatsächliche Einfluss unbestritten.

Deshalb beobachtet die DFL Ausgliederungen von beziehungsweise Beteiligungen an Medien- und Marketinggesellschaften sowie Doppelmandate von sponsernden Unternehmen besonders. Nach §§ 4 Absatz 4, 8 Absatz 2.e. LIZENZIERUNGSORDNUNG und § 8 Nr. 2, 2.a. und g. und Nr. 3 Ligaverbands-Satzung sind zum Einen wesentliche Verträge vorzulegen und zum Anderen ist die Mehrfachtätigkeit in verschiedenen Clubs untersagt. Einzelpersonen dürfen nicht bei mehreren Vereinen oder Kapitalgesellschaften in Organen tätig sein oder werden.[104] Die Regelung hatte ihren rechtstatsächlichen Hintergrund, als ein Unternehmen sich bei einer Vielzahl von Clubs Marketing- und Vermarktungsrechte gesellschaftsrechtlich – mehrheitlich – sicherte und zugleich, soweit vorhanden, an den Spielbetriebskapitalgesellschaften mit zulässiger Minderheitsquote beteiligte.[105]

Das Verbot gilt von seinem Wortlaut her für jedes Unternehmen, das mit einem Club in vertraglicher Beziehung steht, also für sämtliche Sponsoren, Medienpartner und andere, die in nicht nur „unerheblichem Umfang" engagiert sind. Tatsächlich sind Hauptsponsoren regelmäßig in Aufsichts- oder Beiräten vertreten. Eine mehrfache Aufsichtsratstätigkeit, wie sie ansonsten in der deutschen Wirtschaft durchaus üblich ist, entfällt damit. Es ist zu betonen, dass es nicht um eine Doppelfunktion im Management oder der Geschäftsführung geht. Jede Organmitgliedschaft, auch in einem eher bedeutungslosen Beirat, Wahlausschuss, als Rechnungsprüfer oder Ähnliches, reicht aus. Insbesondere, wenn es sich um Clubs aus unterschiedlichen Ligen, also der Bundesliga und der 2. Bundesliga handelt, und in unter-

104 § 4 Abs. 4 LO:
„Für die Erfüllung der rechtlichen Kriterien ist es erforderlich, dass der Bewerber in seiner Satzung oder dem Gesellschaftsvertrag sicherstellt oder sich hierzu verpflichtet, dass Mitarbeiter oder Mitglieder von Organen von Unternehmen, die zu mehreren Lizenznehmern/Muttervereinen oder mit diesen verbundenen Unternehmen in wirtschaftlich erheblichem Umfang in vertraglichen Beziehungen im Bereich der Vermarktung, einschließlich des Sponsorings, oder des Spielbetriebs stehen und/oder an ihnen bedeutend beteiligt sind, nicht Mitglied in Kontroll-, Geschäftsführungs- und Vertretungsorganen des Lizenznehmers sein dürfen, wobei Konzerne und die ihnen angehörigen Unternehmen als ein Unternehmen gelten. Ebenso dürfen Mitglieder von Geschäftsführungs- oder Kontrollorganen eines anderen Lizenznehmers keine Funktionen in Organen des Lizenznehmers übernehmen. Für die Mitgliedschaft in Kontrollorganen des Lizenznehmers kann der Ligaverband auf Antrag des Lizenznehmers eine Ausnahmegenehmigung erteilen. Der Antrag ist zu begründen.".

105 Einzelheiten zum UFA bzw. Kölmel/Sportwelt Modell bei Kern, Besonderheiten, a.a.O., S. 100 ff. oder Vera Elter, Mediale Rechte im Sport. In: Galli/Gömmel/Holzhauser/Straub, Sportmanagement (a.a.O.), S. 287 ff.

schiedlichen nichtoperativen Organen in Betracht käme, ist die Relevanz zu diskutieren. Durch die Regelung wird verhindert, dass eine hochrangige Persönlichkeit aus dem politischen, gesellschaftlichen oder wirtschaftlichen Leben bei einem Club der 2. Bundesliga im Wahlausschuss und bei einem Club der Bundesliga zugleich im Beirat ist.

Formell besteht die Möglichkeit, sich eine entsprechende Doppelfunktion „genehmigen" zu lassen.[106] In Praxis hat die betroffene Person das zweite Amt gar nicht erst angetreten. Ob deshalb unter Umständen Personen in Gremien entsendet werden, die weder von ihrer Aufgabe oder Stellung im Unternehmen noch von ihrer Person die optimale Besetzung sind, mag diskutiert werden.[107]

Unerwünschte Sondereffekte entstehen, wenn ein Investor nicht nur die gesellschaftsrechtliche Beteiligung vom Verein – der ein entsprechendes Entgelt erhält, das er sinnvoll investieren kann – erwirbt, sondern darüber hinaus weiteres Kapital außerhalb der Beteiligungsquote oder ohne Erhöhung des Stammkapitals zugeführt wird. Dann entstehen faktische Abhängigkeiten, die die 50+1-Regel nicht verhindern kann. Neben oder zusammen mit einer gesellschaftsrechtlichen Beteiligung gibt es Verbindungen, die über ein gewöhnliches Sponsorship hinausgehen. Markant ist das Führen des Sponsorennamens im Vereinsnamen. Dabei wird dieses teilweise schon lange praktiziert und hat damit „Tradition". Der Versuch, ein Unternehmenslogo als Vereinslogo zu integrieren, war Auslöser für die Zulassung von Trikotwerbung im deutschen Fußball.[108] Das Wirtschaftsgut „Vereinsname" beziehungsweise der Vereinsname als Wortmarke ist isoliert nicht handelbar und mangels Vergleichswerten schwer zu bewerten. Es kann nicht originär als Vermögensgegenstand, weil es sich um ein „selbst geschaffenes immaterielles Wirtschaftsgut" handelt, Eingang in die Bilanz finden und nicht der Gläubigersicherung dienen. Über einen Umweg kann allerdings ein Wirtschaftsgut, das handelbar und bewertbar ist, geschaffen werden. Auch Fußballclubs haben die Möglichkeit, ihren Namen und das Logo oder Verbindungen von beidem als Marke in Form einer Wortbildmarke oder einzeln schützen zu lassen.[109]

Der dann eingetragene Markennachweis ist ein verkörpertes, immaterielles Wirtschaftsgut, das entweder in Gänze zur Verwertung verpachtet, wie es beispielsweise die großen Sportagenturen als Dienstleister übernehmen, oder aber lediglich für Teilbereiche zur Nutzung überlassen wird, beispielsweise für bestimmte

106 § 4 Abs. 4 LO, § 8 Ligaverbands-Satzung.
107 Vgl. hierzu Tobias Lange, Rechtliche Grenzen des Dritteinflusses von Sponsoren, Seminararbeit Universität Bayreuth, SoSe 2005, S. 17 ff; verfügbar unter www.sportrecht.org.
108 BGH vom 17.11.1986, BGHZ 99,119.
109 Vgl. zu den Grenzen BGH vom 25.3.2004, BGH GRUR 204, S. 775 ff.; EuGH vom 12.11.2002, EuGH EuZW 2003, S. 61 ff., Kurzer Überblick bei Karl Hamacher/Nils Weber, Wie schützen Vereine und Verbände ihre Namens- und Markenrechte? Sponsors 4/2008, S. 38 f.

Merchandisingartikel. Die Rechte können aber auch an eine andere Gesellschaft übereignet werden. Hintergrund kann ein Verkauf gegen Einmalbetrag sein. Der Club kann seine diesbezüglichen Rechte nach dem Umwandlungsgesetz ausgliedern und auf eine – neu errichtete oder bereits bestehende – Kapitalgesellschaft übertragen. Durch den gesellschaftsrechtlichen Akt der Übertragung wird das „selbst geschaffene" Wirtschaftsgut zum „angeschafften/erworbenen" Wirtschaftsgut auf Ebene der aufnehmenden Gesellschaft und ist dann aktivierungsfähig.[110]

In einem ersten Schritt sind zumeist die Clubs Alleingesellschafter der die Rechte aufnehmenden Gesellschaft. Im zweiten Schritt können an dieser Gesellschaft Dritte, unabhängig von etwaigen Restriktionen durch die 50+1-Regel, beteiligt werden. Zu beachten ist, dass dem Verein das Recht verbleibt, den Namen und das Logo für seine nicht ausgegliederten Jugend- und Amateurmannschaften für eigene (sportliche) Zwecke nutzen zu dürfen. Die LIZENZIERUNGSORDNUNG sieht eine Offenbarungspflicht vor, wenn und so weit der Club nicht mehr (vollständiger) Inhaber seiner Namens- und Markenrechte ist.[111]

Der Bayer AG als Konzernmutter der Bayer 04 Leverkusen Fußball GmbH ist durch eine Sonderregelung im Rahmen der Ligastatuten nicht nur ein Mehrheitserwerb an Anteilen und Stimmrechten ermöglicht worden. Darüber hinaus genießt sie das Privileg, den Namen des Förderers im Vereinsnamen zu führen. In anderen Sportarten ist die Verbindung von Vereins- und Sponsorennamen durchaus üblich.[112] Die Aufnahme eines Sponsors oder des Mehrheitseigners in den Vereinsnamen ist ein veritables Recht, dessen Vermarktung im Fußball in Deutschland nicht zulässig sein soll.[113] Auch hier keine Regel ohne Ausnahme. Das Argument der „Tradition" in Form des Bestandschutzes schützt Clubs, die bei Einführung der limitierenden Regelung bereits entsprechende Vereinsnamen hatten. Nicht nur Bayer Leverkusen, sondern auch FC Carl Zeiss Jena, Wacker Burghausen und zeitweise LR Ahlen haben ebenso wie der – weniger bekannte – Club Opel Rüsselsheim eine historisch bedingte Namensgebung.[114]

Wacker Burghausen, wegen der Nähe zum Nachbarland, in dem „Wacker" ein durchaus geläufiger Vereinsnamenzusatz ist, hat mit der Wacker Chemie AG einen

110 Vgl. auch Siebold/Dehesselles, Beteiligungen. (a.a.O.) S. 38 f.

111 § 8 Abs. 2 g. LO.

112 Vgl. beispielsweise im Handball: Post Hildesheim, BHW Hameln; im Basketball: Deutsche Bank Skyliners.

113 § 15 Nr. 1, 2 Satzung des Deutscher Fußball-Bund e.V. (DFB); § 4 Nr. 1 LO: „Für die Erfüllung der rechtlichen Kriterien ist es erforderlich, dass der Bewerber einen vollständigen, aktuellen Auszug aus dem Vereins- bzw. Handelsregister vorlegt (...). Für eine Kapitalgesellschaft gilt zusätzlich, dass ihr Sitz am Sitz des Vereins sein muss. Der Name der Kapitalgesellschaft muss den Namen des Vereins enthalten. Die Aufnahme eines Firmennamens als Zusatz ist unzulässig.".

114 AG Darmstadt VR 80124.

potenten Partner, der zugleich vom Vereinsnamen profitieren kann.[115] Demgegenüber ist schon aus Tradition der FC Carl Zeiss Jena dem Unternehmen Carl Zeiss aus Jena, nunmehr mit Hauptsitz in Baden-Württemberg, als ehemalige Betriebssportsparte verbunden.[116] Zwischenzeitlich verbindet den Namensgeber aber nichts oder nur sehr wenig mit dem Fußballclub, der seinerseits (kostenlos) Werbung für das Unternehmen macht.[117]

Rasenballsport Leipzig ist in der Rechtsform eines eingetragenen Vereins organisiert. Der Club ist mit dem österreichischen Getränkehersteller Red Bull nicht nur über ein umfängliches Sponsorship verbunden. Das Unternehmen und der Club haben sich die Nutzung und das Namensrecht am ehemaligen Zentralstadion in Leipzig für einen Millionenbetrag langfristig gesichert. Es wird zusätzlich für über 30 Millionen Euro ein Trainings- und Nachwuchszentrum zwischen Stadion und Sportschule gebaut. Es gibt jedoch keine gesellschaftsrechtliche Möglichkeit der Verbindung zwischen dem österreichischen Konzern und dem Verein, da Vereine keine „Tochtergesellschaft" sein können.[118]

Diese Fälle machen deutlich, dass zum Einen Phantasie und Kreativität zu einer – legalen – Nutzung ohne Verletzung der Verbandsstatuten führen können, zum Anderen durch diverse Ausnahmen die Regelung keine vollständige Stringenz aufweist. Ob und in wie fern wegen der dann noch intensiveren Verbindung zwischen dem Image des Sponsors und dem Image des Gesponserten auch negative Effekte voll durchschlagen und deswegen das Engagement auch nachteilig sein kann, ist hier nicht entscheidend. In Anbetracht der wenigen legalen Partnerschaften im Fußball kann aber für die Bewertung der „Angemessenheit" nach FINANCIAL FAIR PLAY festgehalten werden, dass es national kaum Vergleichsmaßstäbe gibt. Zahlungen aus einem Sponsorship auf ein Benennungsrecht sind im deutschen Fußball nicht „marktüblich".[119]

c) Spielervermögen[120]

Arbeitnehmer werden grundsätzlich nicht als Vermögenswert in einer Bilanz erfasst. Dass trotzdem in den Bilanzen aller Fußballclubs ein erheblicher Posten

115 Wacker Chemie AG, AG München HRB 159705.

116 Carl Zeiss AG, AG Ulm HRB 501555; FC Carl Zeiss Jena Fußball Spielbetriebs GmbH, AG Jena HRB 501838.

117 Die Carl Zeiss AG ist nicht mehr Sponsor des FC Carl Zeiss Jena.

118 Vgl. div. Berichte u.a. Leipziger Volkszeitung, www.lvz-online.de.

119 Zur Markenbewertung allgemein vgl. Elter, Bewertung. (a.a.O.), S. 307 ff.

120 Umfassend Vera Elter, Bilanzierung von Humankapital nach IFRS am Beispiel des Spielervermögens im Profifußball. KoR 2004, S. 249-263. Albert Galli, Was ist ein Fußballspier wert? in: Festschrift für Rainer Gömmel zum 65. Geburtstag. (a.a.O.), S. 1-16. Burkhard von Freyberg, Transfergeschäft der Fußballbundesliga. Preisfindung und

„Spielervermögen“ auftaucht, ist Folge eines – juristisch fragwürdigen – steuerrechtlichen Urteils des Bundesfinanzhofes aus dem Jahr 1992.[121] Der Bundesfinanzhof behauptet, dass die Spielerlaubnis des Spielers, der „Lizenzspieler“[122] war, ein immaterielles aktivierungsfähiges Wirtschaftsgut sei beziehungsweise ein immaterieller Vermögensgegenstand.[123] Dieser wäre selbständig verkehrsfähig und bewertbar und deshalb als konzessionsähnliches Recht (steuerlich zwingend) zu aktivieren. Ein Club darf zu zahlende Transferentschädigungen und Nebenkosten steuerlich nicht sofort als Aufwand über die Gewinn- und Verlustrechnung mit entsprechender Ergebnisminderung buchen. Der Bundesfinanzhof bestand darauf, dass die Aufwendungen über die Laufzeit des Vertrages verteilt abgeschrieben werden. Die handelsbilanzielle Erfassung muss nicht, kann aber gleichlautend erfolgen, wie § 254 HGB klarstellt. Selbstausgebildete Spieler aus den eigenen Jugend- und Amateurmannschaften oder ablösefreie Zugänge sind weder nach Handels- noch nach Steuerrecht zu aktivieren.

Die Begründung des Bundesfinanzhofes war und ist rechtlich zweifelhaft, weil sie an die Spielerlaubnis als übertragbares immaterielles Wirtschaftsgut anknüpft. Die Spielerlaubnis wird dem Spieler für eine bestimmte Zeit erteilt und kann verlängert oder verkürzt werden. Die Lizenz – Spielerlaubnis – des Lizenzspielers begründet ein Sonderrechtsverhältnis des Spielers mit der DFL, ist als Rechtsgut oder Rechtsträger daher grundsätzlich dem Spieler zuzuordnen und stellt kein originäres Recht des Vereins dar.[124]

Spätestens, seit Transferzahlungen nur noch für Spieler, die aus laufenden Verträgen heraus den Club wechseln, geleistet werden müssen, ist der Argumentation auch ansonsten der Boden entzogen. Schlussendlich wären Vertragsamateure von der Aktivierungspflicht bei konsequenter Anwendung der BFH-Grundsätze nicht

Spielerwertbestimmung. Kulturkommerz 11 (Berlin 2005). Steffen Mädche. Besonderheiten der Rechnungslegung und Prüfung im Lizenzfußball. Bilanzielle Behandlung und Bewertungsverfahren von Spielerwerten. Diplomarbeit 2008 (Hamburg 2010), S. 20, 63. Martin Dippel, Aktuelle Probleme der Bilanzierung von Spielervermögen. SpuRt 2010, S. 137-142. Alle m.w.N.

121 BFH vom 26.8.1992, BStBl. 1992 II S. 977 ff.

122 Geregelt in der „Lizenzordnung Spieler“; www.bundesliga.de/dfl/interna.

123 § 5 Nr. 4 LO. Vgl. auch Christian Müller, Die Praxis der bilanziellen Behandlung von Transferentschädigungen in der Bundesliga. in: Globalisierung des wirtschaftlichen Wettbewerbs im Sport, hgg. vom Arbeitskreis Sportökonomie. (Schorndorf 2003), S. 191-204 m.w.N.

124 „Lizenzspieler ist, wer das Fußballspiel aufgrund eines mit einem lizenzierten Verein oder einer lizenzierten Kapitalgesellschaft geschlossenen schriftlichen Vertrages betreibt und durch Abschluss eines schriftlichen Lizenzvertrages mit dem Ligaverband zum Spielbetrieb zugelassen ist. Er ist Vertragspartner besonderer Art eines vom Ligaverband lizenzierten Vereins oder einer vom Ligaverband lizenzierten Kapitalgesellschaften.“, Präambel Ziff. 3 i.V.m. § 1 Lizenzordnung Spieler.

erfasst, da diese keine „Spielerlizenz“ im Sinne der Lizenzspielerstatuten haben.[125]

Einen weiteren Umbruch bildete eine berühmt gewordene Entscheidung des Europäischen Gerichtshofs (EuGH), das Ablösezahlungsbedingungen veränderte. Nach dem „Bosmann-Urteil“ bleiben Spieler als „selbst geschaffene immaterielle Vermögensgegenstände des Anlagevermögens“ dann von der Aktivierung ausgeschlossen, wenn sie nicht in einem noch laufenden Arbeitsvertrag mit dem Club stehen. In der Sache hat das Gericht entschieden, dass jedenfalls innereuropäisch nach Ablauf eines Vertrages eine Transferentschädigung nicht mehr in ihrer Höhe fixiert und durch Verbandsstatut vorgeschrieben werden kann. In der Konsequenz sind nunmehr Transferentschädigungen nur bei vorzeitiger Vertragsbeendigung zu leisten und frei zwischen den Clubs zu verhandeln.[126]

Die Praxis hat sich mit den Entscheidungen arrangiert und wendet die genannten Grundsätze nicht nur in der Steuer-, sondern überwiegend auch in der Handelsbilanz an. § 254 HGB ermöglicht es, steuerrechtliche Ansätze in die Handelsbilanz zu übernehmen. In Anbetracht der tatsächlichen Transferkosten wären wohl nur wenige Clubs in der Lage, die geleisteten Zahlungen sofort und komplett als Aufwand in einem Geschäftsjahr zu verbuchen, ohne dann durch negatives Eigenkapital Lizenzierungsvorschriften zu verletzten.[127]

Ein Spieler, dessen Gesamttransferaufwand 7,5 Millionen Euro beträgt, wäre bei Nichtanwendung der Grundsätze im Jahr des Zugangs sofort mit 7,5 Millionen Euro Aufwand über die Gewinn- und Verlustrechnung abzurechnen und der Verein müsste einen entsprechenden (Mehr-) Erlös im entsprechenden Geschäftsjahr erwirtschaftet haben, um ein ausgeglichenes Ergebnis zu erzielen. Bei Verteilung der Aufwendungen auf beispielsweise drei Jahre ist der Aufwand jährlich nur noch 2,5 Millionen Euro. Davon unabhängig war der Spieler – früher – natürlich sofort vollständig „abzulösen“ und die 7,5 Millionen Euro flossen ab, so dass unter Liquiditätsgesichtspunkten die Problematik weiterbestand. Vor diesem Hintergrund gehen viele Clubs dazu über, für die zu ihnen transferierten Spieler eine ratierliche Zahlung der Abfindung zu vereinbaren.

Einflüsse internationaler Rechnungslegung[128] und eine Loslösung von starren handelsrechtlichen Vorschriften haben dazu geführt, dass in jüngerer Zeit für die Bewertung des „Spielervermögens“ Neuentwicklungen und andere Methoden zum Ansatz kommen. Abgestellt wird dabei nicht mehr allein auf die Anschaffungs- und Anschaffungsnebenkosten, die auf die Laufzeit „abgeschrieben“ werden und nur bei Sondersituationen (dauerhafte Verletzung etc.) Minderungen vornehmen,

125 Vgl. Lizenzordnung Spieler Präambel Ziff. 2.
126 EUGH vom 15.12.1995, Rs. C-415/93; Sammlung der Rechtsprechung 1995, I-04921.
127 Vgl. oben I. 3.
128 Vgl. oben I. 4.

sondern auf den „Marktwert“ (fair value). Zu welchem Betrag – Transferentschädigung – könnte der Spieler aktuell zwischen vertragswilligen Clubs wechseln?[129]

Verfahrens- und ergebnismäßig darf hier ein Vergleich mit der so genannten „Schwacke-Liste“ für Automobile durchaus herangezogen werden. Als Basis der Auswertung dienen Marktdaten, die im Bereich der Transfers von Fußballern vorliegen. Die Bewertungskriterien sind an den für den sportlichen Erfolg notwendigen weiteren Eigenschaften orientiert, beispielsweise Alter, EU Nationalität, Nationalspielerstatus, Position, persönliche Entwicklung. Wird der so gefundene Wert eines einzelnen Spielers oder sogar des gesamten Spielerkaders durch eine Wirtschaftsprüfungsgesellschaft bestätigt, kann diese Bewertung auch zu bilanziellen Zwecken herangezogen werden. So findet der „Fair Value“, unabhängig von etwaigen Anschaffungskosten, den Weg in die Bilanzen.[130]

Modelle zur Spielerfinanzierung basieren darauf, dass einerseits der Club nicht in der Lage oder nicht willens ist, die kompletten Transferkosten alleine oder sofort zu tragen und andererseits – regelmäßig dem Club nahestehende – Personen oder Unternehmen bereit sind, Finanzmittel zur Verfügung zu stellen. Aus den oben dargestellten steuerlichen Gründen erfolgt dies formell mit Gewinnerzielungsabsicht. Der Investor strebt an, sein Kapital durch die Investition zu mehren. Da die Verfügungshoheit beim Club liegen muss, kann dem Investor grundsätzlich kein echtes Mitbestimmungsrecht eingeräumt werden. Die Finanzierung von Spielertransfers ist wegen der in der LIZENZIERUNGSORDNUNG geforderten „Hoheit“ der Clubs über die Transfers beziehungsweise die absolute Verfügungsfreiheit der Clubs problematisch und behindert die Abtretung von Transferrechten, partiell auch die Abtretung von Transfererlösen.[131]

Der Investor ist daher darauf angewiesen, dass ihm die zukünftigen Erlöse abgetreten werden und der Club sich auch in Krisen an die Vereinbarungen hält. Eine quotale Aufteilung zwischen Club und Investor ist möglich; er muss nicht einhundert Prozent zukünftiger Erlöse bekommen. Die vollständige Abtretung zukünftiger Transfererlöse würde aus Clubsicht dazu führen, dass es keinen Sinn macht, den Spieler vor Ablauf seines Vertrages zu transferieren, so dass in der Praxis dann ein Transfererlös niemals erzielt würde. Deshalb werden Quoten vereinbart.

Die Finanzierung größerer Investitionen durch Einzelpersonen oder eine Gruppe von Investoren, am Besten mit positiven Steuereffekten verbunden, ist kein Phänomen des Fußballs allein. Neben den traditionellen Schiffsbeteiligungen erfreuen sich Flugzeug- und Containerleasing ebenso wie Windkraft- und Medienfonds reger Anteilnahme bei ambitionierten Anlegern. In jüngerer Zeit hat sich das „An-

129 Wie zuvor, sowie IAS International Accounting Standards 38 Nr. 8 b. sowie oben I. 4. zu International Financial Reporting Standards (IFRS).

130 Vgl. oben und Fn. 120.

131 § 5 Nr. 8 Lizenzordnung Spieler; § 2 Ziffer 1.h. LO; Art. 18 FIFA Reglement Transfer.

stoß3" genannte „Kühne-Modell" einer breiteren öffentlichen Aufmerksamkeit erfreut. Der vermögende und dem Hamburger Sportverein (HSV) durchaus zugetane Herr Klaus-Michael Kühne hat dem Club eine erhebliche Geldsumme zur Verfügung gestellt, die dieser teilweise zum Ausgleich der negativen Vorjahresbilanz und teilweise für Investments – auch in „neue" Spieler – nutzte.[132]

Juristisch wird regelmäßig die Rechtsform einer GmbH & Co. KG für Beteiligungs- und Finanzierungsmodelle gewählt. Der Investor erwirbt eine Kommanditbeteiligung in Höhe seiner „Beteiligungsquote". Das operative Geschäft übernimmt eine Management GmbH als Komplementärin. Da steuerlich auf der Ebene der Kommanditgesellschaft Personengesellschaftsrecht gilt, werden Gewinne und Verlust, letztere gerade in der Investitions- oder Anlaufphase, den Gesellschaftern zugerechnet; ein durchaus erwünschter Effekt. Durch die Aufnahme möglichst vieler Spieler als so genannter „Pool" wird eine Risikostreuung erreicht.[133]

Ein anderes Modell finanziert die TSG 1899 Hoffenheim Fußball-Spielbetriebs GmbH (TSG 1899 GmbH). Das in der Öffentlichkeit genannte Investitionsvolumen von 235 Millionen Euro hat Herr Dietmar Hopp über verschiedene Wege eingebracht. Die Rhein-Neckar-Arena in Sinsheim und das Trainingszentrum wurden von ihm beziehungsweise ihm nahestehenden Gesellschaften errichtet und an den Club vermietet. Er ist auch – mit verbandsrechtlich zulässiger Quote von weniger als 50 Prozent der Stimmrechte – an der TSG 1899 GmbH beteiligt. Darüber hinaus besteht jedoch eine „atypisch stille Beteiligung". Über eine solche Beteiligung können relativ variabel Finanzmittel in die Spielbetriebsgesellschaft eingebracht oder aus ihr entnommen werden. Insgesamt sollen neben der Gesellschafterstellung in der GmbH Beteiligungen von Herrn Hopp in Höhe von ungefähr 29 Millionen Euro unmittelbar und 36 Millionen Euro mittelbar bestehen. Der Verlust der ersten Bundesligasaison, der vom stillen Gesellschafter übernommen wurde, soll 16,5 Millionen Euro betragen haben.[134]

132 Vgl. www.Mopo.de vom 13.7.2010; www.Abendblatt.de vom 13.7.2010; www.Spiegel.de vom 29.8.2010; www.Zeit.de vom 12.8.2010.

133 Kurze Schilderung bei Oliver Bönig, Wechselspiele mit Rendite. in: Going Public Magazin März 2010, S. 50-52.

134 Fehlerhaft im Tatsächlichen, parteiisch in der Auswahl der Auslegungsmethoden und kaum vertretbar in der juristischen Folgerung Lammert, Mehrheitliche Kontrolle- Der Fall Hoffenheim (a.a.O.). SpuRt 2008, S. 137-140. Die nationalen Statuten stellen ausschließlich auf formelle „Beherrschung" im Sinne von Stimmrechten oder anders eingeräumter Möglichkeit, seinen Willen gegen den Verein durchzusetzen, ab. Tatsächlicher Einfluss aufgrund von finanzieller Abhängigkeit ist kein Kriterium. Also muss – bei der von Lammert allein durchgeführten teleologischen Auslegung – das Modell als regelkonform angesehen werden. Die weiteren juristischen Auslegungsmethoden werden dann gänzlich ignoriert, weil sie das gewünschte Ergebnis wohl auch nicht begründet hätten. Bessere Darstellung und Zahlen bspw. Rainer Franzke, Hopp übernahm Verluste von 42,3 Millionen. Kicker 11.1.2011. http://www.kicker.de/news/fussball/bundesliga/startseite/547147/artikel_Hopp-uebernahm-Verluste-von-423-Millionen.htm..

Die stille Gesellschaft ist in den §§ 230 bis 237 HGB geregelt. Kennzeichnend ist, dass einerseits ein Handelsgewerbe – die TSG 1899 GmbH – besteht und andererseits in dieses Gewerbe eine Einlage geleistet wird. Die Einlage gelangt in die freie Verfügungsbefugnis der Gesellschaft beziehungsweise deren Geschäftsführung. An Gewinn und Verlust wird der stille Gesellschafter in der Praxis zumeist vorrangig beteiligt. Er ist nicht zur Geschäftführung befugt und hat grundsätzlich keine Mitspracherechte. Lediglich Kontrollrechte wie die Prüfung des Jahresabschlusses werden ihm vom Gesetz zugebilligt. Eine typisch stille Gesellschaft ist daher vor dem Hintergrund der 50+1-Regel der „Musterfall" einer Beteiligung an einem Fußballclub: Ein Dritter gibt Kapital, ohne Mitspracherechte zu haben. In der Praxis sind allerdings vielfältige Gestaltungen üblich, die auch Mitbestimmungsrechte beinhalten. Wird vom Leitbild abgewichen, wird das Model „atypisch stille Beteiligung" genannt. Welche konkreten Rechte der Investor bei der TSG 1899 erhalten hat, ergibt sich aus dem – nicht öffentlichen – Gesellschaftsvertrag.

Steuerrechtlich ist die atypisch stille Gesellschaft ein eigenes Subjekt. Neben dem handelsrechtlichen Jahresabschluss und dem daraus abgeleiteten steuerlichen Abschluss der TSG 1899 GmbH erklärt die „TSG 1899 GmbH + still" in einer gesonderten Rechnung den Gewinn beziehungsweise Verlust des stillen Gesellschafters. Etwaige Verluste kann der atypisch stille Gesellschafter wie bei anderen Personengesellschaften als Mitunternehmer geltend machen. Eine atypisch stille Beteiligung kann gewerbesteuerliche Vorteile bieten.[135]

Weitere Investitionsmöglichkeit ist, dass eine Gesellschaft oder ein Investor die Anschaffungskosten für einen bestimmten Spieler übernimmt und diese ratierlich vom Club an die finanzierende Gesellschaft oder Person nebst einem kleinen Gewinnaufschlag oder einer Verzinsung zurückgeführt werden. Dieses Modell entspricht juristisch entweder einem Darlehen oder einem Leasing mit gegebenenfalls Vollamortisation, wenn am Ende der Vertragslaufzeit die Anschaffungskosten nebst Verzinsung vollständig bezahlt sind. Während Leasingmodelle nach dem Handelsgesetzbuch üblicherweise dazu führen, dass der Leasingnehmer den Vermögensgegenstand nicht bilanziert, weil dieses Wirtschaftsgut dem Leasinggeber zugerechnet wird, ist eine solche Konstellation im Profifußball kaum denkbar. Dabei hängt es an der Zurechnung des so genannten „wirtschaftlichen" Eigentums. Der wirtschaftlich Verpflichtete und Berechtigte und Profiteur bei etwaigen Mehr- oder Mindererlösen bilanziert. Von dieser wirtschaftlichen Zurechnung hängt es ab, ob der Club oder der „Leasinggeber" die Transferkosten in seiner Bilanz aktivieren kann. Die Regeln des deutschen Handels- und Bilanzrechts weichen in diesen Bilanzierungsfragen teilweise von den internationalen Rechnungslegungsstandards ab.[136]

135 Vgl. OFD Erfurt vom 23.10.2003, FR 2003, S. 1299.
136 Vgl. oben I. 3. und 4.

Die Verfügungsbefugnis über das Wirtschaftsgut „Transferrecht" beziehungsweise das immaterielle Wirtschaftgut „Spielerlizenz" stehen nach den Verbandsstatuten ausschließlich dem Club zu. Die Lizenzordnung Spieler stellt, wie dargestellt, ausschließlich auf den Spieler und den Club ab und begründet ein Sonderrechtsverhältnis, das nicht übertragbar ist. Ob eine Übertragung an einen außenstehenden Dritten (automatisch) zum Erlöschen führt, wäre zu diskutieren. Ein Dritter kann nur an etwaigen Mehr- oder Mindererlösen beteiligt werden. Die häufig gewünschte Entlastung der Bilanz von entsprechenden Vermögenswerten und korrespondierenden Verbindlichkeiten ist deshalb im Profifußball auf Basis des Handelsgesetzbuches und der LIZENZIERUNGSORDNUNG schwer darstellbar. Ist nicht der Club ausweisberechtigt oder verpflichtet, kommt es bei ihm zu einer entsprechenden Verringerung der Bilanzsumme, so genannte „Bilanzverkürzung".[137]

Die fehlende Absicherung im Insolvenzfall ist ein ernsthaftes Problem für Investoren- und Fondsmodelle.[138] Eine Insolvenz des Clubs könnte mittelbar zur Ablösefreiheit des Spielers auch vor Ablauf der Vertragsdauer führen. Finanzierungsmodelle kommen deshalb nur für Clubs mit guter Bonität in Betracht. Wenn aber die Bonität oder sogar Liquidität vorhanden ist, macht es in Anbetracht der zu zahlenden Aufschläge oder Verzinsung aus Sicht des Clubs eher wenig Sinn, ein solches Modell zu wählen.

Hinzu kommt das Problem, bei Auslaufen des Vertrages keine Ablöse zu erzielen, was den Investor stört. Werden hohe Ablösen generiert, von denen der Club nur einen (geringen) Anteil erhält, muss eine vereinspolitische Rechtfertigung gefunden werden. Wird bei einem Bankkredit zur Transferfinanzierung – sofern ein solcher gewährt wird – kontinuierlich ein Zins gezahlt, muss der Club auch dieses Geld erwirtschaften. Es ist aber ein ungleich größerer Effekt, wenn bei einer „Millionenablöse" ein hoher Prozentsatz an den – außenstehenden – Dritten ausgekehrt und damit dem „Fußballgeschehen" entzogen wird und zur Finanzierung neuen Spieltalents nicht zur Verfügung steht. Der Erfolg eines solchen Finanzierungsmodells könnte sich damit als Misserfolg – im Hinblick auf anstehende Wieder-

137 Zur wirtschaftlichen Zurechnung vgl. insbesondere die so genannten Leasingerlasse der Finanzverwaltung, EStH 4.2 (1) zu § 4 EStG m.w.N.

138 Vgl. § 108 Insolvenzordnung (InsO): Grundsätzlich bleibt das Arbeitsverhältnis unberührt. Soweit jedoch zwischenzeitlich Zahlungsverzug eingetreten ist, hat der Arbeitnehmer – der Spieler – ein Recht zur fristlosen Kündigung aus wichtigem Grund, auch bei laufzeitgebundenen Verträgen, wie im Profisport üblich. Ist das befristete Arbeitsverhältnis des Spielers aus wichtigem Grund wirksam gekündigt, ist er vertragslos und damit entfällt unter Umständen auch seine Spielerlaubnis für den Club. Dies führt dazu, dass er ohne Ablöse transferiert werden kann, weil er an keinen Club vertraglich gebunden ist. Die Einzelheiten der juristischen Mechanismen bedürfen hier durchaus noch einer Aufarbeitung, insbesondere, ob der Spieler alleine das Erlöschen seiner Spielerlaubnis bewirken kann oder ob diese auch in Insolvenz und bei gekündigtem Arbeitsverhältnis fortbesteht. Zur (konkursfesten) Übertragbarkeit eine Sportspielbetriebslizenz BGH vom 22.3.2001, NJW-RR 2001, S. 1552.

wahlen – der Clubverantwortlichen darstellen. Aus Sicht eines Investors ist das Modell uncharmant, wenn er nicht hinreichend vor Zwischenverfügungen zu seinen Lasten gesichert ist. Ebenso wenig sind Club- und Investoreninteressen im Hinblick auf eine „Weiterveräußerung" kompatibel. Auf der einen Seite stehen die angestrebten sportlichen Erfolge und die Verbesserung der Spielerqualität, auf der anderen das Interesse an der Erzielung einer hohen Transferentschädigung.[139]

2. Lizenzierung (international)[140]

a) Allgemeines[141]

Für die UEFA prüft die DFL auch die Lizenzierung für internationale Wettbewerbe auf Basis der eingereichten Bilanzen, Gewinn- und Verlustrechnung sowie Liquiditätsplanungen. Die UEFA hat jedoch in den Art. 57 ff. das Monitoringverfahren als zusätzliche Anforderung eingeführt. Es finden sich dort insbesondere Regelungen zum FINANCIAL FAIR PLAY, die die Clubs zu einem bestimmten Ausgabeverhalten disziplinieren sollen. Überwacht wird dieser Teil ausschließlich vom Finanzkontrollausschuss der UEFA und nicht mehr von den Nationalverbänden. Die darüber hinausgehenden Anforderungen bleiben also in der Hand der UEFA. Die Clubs erstellen ihre Jahresabschlüsse gemäß ihren nationalen Rechnungslegungsvorschriften oder nach IFRS. Der Lizenznehmer muss für die Teilnahme an europäischen Wettbewerben weitergehende Informationen zusammenstellen, die über den nationalen Lizenzgeber beziehungsweise unmittelbar der UEFA zu übermitteln sind. Anzumerken ist, dass die FINANCIAL FAIR PLAY Regularien, da sie erst während des laufenden Wettbewerbs überprüft werden, auf die Lizenzerteilung zunächst keinen Einfluss nehmen, sondern erst in der Folgesaison bei Abweichungen Sanktionen greifen. Der Finanzkontrollausschuss als neues Gremium überprüft dabei auf Basis der vorhandenen Abschlüsse, aber auch im Hinblick auf Entwicklungen. Hierbei sind ihm weitgehende Auskunftsrechte eingeräumt. Er kann die Clubs zu weitergehenden Informationen anhalten oder Sanktionen verhängen.

139 Vgl. auch oben III.1.b.
140 UEFA Clublicencing Financial Fair Play; UEFA Reglement zur Clublizenzierung und zum finanziellen Fair Play, Ausgabe 2010 vom 27.5.2010.
141 Zum ganzen umfassend Albert Galli, Finanzielles Fairplay – Die neuen Regelungen der UEFA zur Klub-Lizenzierung und zum Klub-Monitoring. SpuRt 2010, S. 182-187. Mario Hamm, Unterschiede im Finanzreporting von englischen und deutschen Fußballunternehmen. Zu den Auswirkungen der von der UEFA geforderten Mindestanforderungen. causa sport 2011, S. 119-139.

Jeder Club, der sich um die Teilnahme an einem UEFA-Wettbewerb bewirbt, muss eine Aufstellung gemäß FINANCIAL FAIR PLAY Anhang VI – Mindestangaben – fertigen. Die Bilanzierungsposten sind ausführlich zu gliedern, ebenso die Gewinn- und Verlustrechnung. Die DFL orientiert sich am (deutschen) Handelsgesetzbuch, die (internationale) UEFA an den (internationalen) Rechnungslegungsstandards und adaptiert diese weitgehend.[142]

Die UEFA führt das Lizenzierungsverfahren nicht selbst durch, sondern überlässt dieses den angeschlossenen Mitgliedsverbänden; die Überprüfung von und Sanktionierung bei Verletzung von FINANCIAL FAIR PLAY erfolgt allerdings durch den Finanzkontrollausschuss der UEFA. Die FINANCIAL FAIR PLAY Vorgaben stellen Mindeststandards dar, von denen nach oben abgewichen werden kann. Ausgangspunkt ist der (vergangenheitsorientierte) geprüfte und testierte Jahresabschluss. Der Bewerber muss darüber hinaus durch zukunftsbezogene Finanzinformationen nachweisen, dass er bis zum Ende der Spielzeit „liquide" beziehungsweise zur Fortsetzung seiner unternehmerischen beziehungsweise sportlichen Aktivitäten in der Lage sein wird.

Bei der Darstellung der Bilanz und der Gewinn- und Verlustrechung sind insbesondere im Rahmen des Monitoring die Kapitalflussrechnung, die Zukunftsprognose in Verbindung mit der „break even"-Vorschrift, Artikel 58 ff. FINANCIAL FAIR PLAY von Bedeutung. § 53 des FINANCIAL FAIR PLAY enthält Regelungen zum UEFA Club Monitoring. Wesentliche Vorgaben und Definitionen finden sich in den diversen Anhängen, insbesondere Anhang X – Berechnung des „break even"-Ergebnisses. Zukünftig wird der Vorjahresverlust eines Clubs, der sich um die Teilnahme an einem europäischen Wettbewerb bewirbt, limitiert. Waren bereits bisher Lizenzierungsregeln gegeben, die insbesondere Nachweise für eine ausreichend sichere finanzielle Zukunft und das Begleichen aller offenen Forderungen gegenüber anderen Clubs, Spielern oder Finanzbehörden beinhalteten, gilt zukünftig die so genannte „break even rule". Grundsätzlich soll, kumuliert über einen Zeitraum von drei Berichtsperioden, kein Club mehr ausgeben, als er aus dem operativen Geschäft eingenommen hat.[143]

b) Vermögenslage

Ähnlich den nationalen Vorschriften diszipliniert die UEFA ihre Wettbewerbsteilnehmer im Hinblick auf den Ausgleich von fälligen Verbindlichkeiten. Gemäß

142 Financial Fair Play Anhang VI. Vgl. zum früheren Verfahren Albert Galli, Das Lizenzierungsverfahren der UEFA. in: Galli/Gömmel/Holzhauser/Straub, Sportmanagement. (a.a.O.), S. 97-128.

143 UEFA Clublizenzierung, Art. 47 bis 52 sowie UEFA Clubmonitoring – Teil III Art. 53 bis 68.

Art. 65 FINANCIAL FAIR PLAY hat der Lizenznehmer nachzuweisen, dass keine überfälligen Verbindlichkeiten gegenüber anderen Fußballclubs aus Spielertransfers, Ausbildungsentschädigung etc. bestehen und muss darüber eine eigene Aufstellung fertigen. Weiterhin ist nach Art. 66 FINANCIAL FAIR PLAY nachzuweisen, dass keine überfälligen Verbindlichkeiten gegenüber Arbeitnehmern und Sozialversicherungsinstitutionen oder Steuerbehörden bestehen. Die Rechnungslegungsinhalte sind gleichlautend mit den Vorschriften der LIZENZIERUNGSORDNUNG. Darüber hinaus wird der Versuch unternommen, das Ausgabeverhalten zu disziplinieren, indem die Ausgaben insbesondere für Spieler und Transfers, die sogenannten „fußballrelevanten Einnahmen“, zukünftig nicht mehr übersteigen sollen.

Der Grundsatz, dass Clubs nicht mehr für ihre Spielbetriebe aufwenden dürfen, als sie durch ihren Spielbetrieb auch an Einnahmen erzielen können, erfährt jedoch für eine Übergangsperiode eine Aufweichung. Bis zu 45 Millionen Euro Verlust werden bis zur Saison 2013/2014 akzeptiert; danach immerhin 30 Millionen Euro bis zur Saison 2016/2017, danach wird man sehen; Artikel 61 FINANCIAL FAIR PLAY. Die Regelung wird häufig fehlinterpretiert:

> „Es dürfen nur noch 45 Millionen Euro Schulden gemacht werden, dann nur noch 30 Millionen. Anschließend muss eine Reduzierung der Verbindlichkeiten um jeweils 10 Millionen Euro erfolgen.“[144]

Der Aussage wirft ein Schlaglicht auf Missverständnisse, denen man in diesem Zusammenhang unterliegen kann. Weder geht es um Schulden noch ist eine Limitierung der Verbindlichkeiten vorgesehen. Das relevante Ergebnis wird „break even-Defizit“ genannt. Es erfolgt eine Saldierung der „relevanten Ausgaben“ mit den „relevanten Einnahmen“, Artikel 60 Absatz 1 FINANCIAL FAIR PLAY. Richtiger wäre in diesem Zusammenhang von „relevanten Aufwendungen“ und „relevanten Erträgen“ zu sprechen; die deutsche Übersetzung ist nicht nur hier mit Zurückhaltung zu verwenden. In der englischen Fassung heißt es „relevant income“ und „relevant expenses“. Das Ergebnis dieser Berechnung ist das Ergebnis der „fußballerischen“ operativen Tätigkeit und kann nicht mit „Schulden“ gleichgesetzt werden. Es betrifft auch nur Fehlbeträge, die durch Beiträge von Anteilseignern und/oder verbundenen Parteien ausgeglichen werden.[145]

Dabei ist natürlich nur dann, wenn eine entsprechende Bilanzierung erfolgt, überhaupt von „Verlust“ zu sprechen. Es gibt eine Vielzahl von Aufwendungen, die nicht „negative Ausgaben“ im Sinne der Lizenzierungsstatuten sind, beispielsweise Nachwuchskosten. Die nachfolgenden Positionen gelten als begünstigt und

144 Frankfurter Rundschau /sid, Tritt auf die Schuldenbremse, vom 11.1.2011.
145 Financial Fair Play Art. 58-63, hier insbes. Art. 60.

damit von der Verlustberechnung freigestellte Aufwendungen; die „relevanten Ausgaben“ werden „nach unten angepasst“:

- Ausgaben für nichtfußballerische Tätigkeiten ohne Bezug zum Club;
- Ausgaben für gemeinwohlorientierte Projekte;
- Ausgaben für die Nachwuchsförderung;
- Finanzaufwand, der direkt dem Bau von Sachanlagen zuzuschreiben ist
- Nichtmonetäre Sollkosten.[146]

Im Ergebnis versteckt sich hinter den nichtmonetären Sollkosten die Neubewertung von Sachanlagen, immateriellen Vermögenswerten, Vorräten oder Ähnlichem sowie Wechselkursgewinne oder –verluste auf nichtmonetären Posten. Wechselkurse können bei internationalen Transfers eine Rolle spielen. Die Neubewertung von Sachanlagen und der zuzuordnende Finanzaufwand betrifft insbesondere Stadien, aber auch Nachwuchszentren oder andere clubeigene Immobilien. Insoweit ist der eingereichte Abschluss „zu bereinigen“. Die entsprechenden Aufwendungen sind aus der Berechnung – komplett oder anteilig – herauszunehmen und erhöhen damit den Spielraum des Clubs.

Es ist zu erwarten, dass insbesondere im Bereich Nachwuchs und Sachanlagen einige Anstrengungen unternommen werden, diese Posten möglichst hoch zu halten. Die DFL und die Clubs berühmen sich ihrer guten – und teuren – Nachwuchsarbeit in den Nachwuchsleistungszentren. Diese Aufwendungen werden aus der Verlustberechnung herausgenommen. Damit steht den deutschen Clubs in Zukunft eine erhebliche Summe „zusätzlich“ zur Verfügung für Aufwendungen in den Profikader, ohne dass die Sanktionen des FINANCIAL FAIR PLAY hinsichtlich des Ausgabeverhaltens greifen würden. Die DFL beziffert die Aufwendungen für die Nachwuchsleistungszentren in den letzten zehn Jahren auf über fünfhundert Millionen Euro.[147]

Während der Übergangsphase besteht die Gefahr, dass Clubs, die sich mit den neuen Regeln zukünftig schwer tun, durch massive Anwerbung von hoch talentierten Nachwuchsspielern „überbestücken“ und die Ausgaben im Bereich „Nachwuchsförderung“ buchen. Aus zukünftigen Transfererlösen dieser Spieler können dann größere Transfers „gestandener Spieler“ geleistet werden, da es sich um „fußballrelevante“ Erträge handelt.

Daneben könnten Aufwendungen zu niedrig angesetzt werden. Tatsächlich werden bei Stadion- und Arenabauten die Gesamtaufwendungen einschließlich Abschreibung und Zinsen sowie Betriebskosten selten vollständig an den Club weiterbelastet. Spielstätten in Deutschland sind entweder (überwiegend) im Eigentum des jeweiligen Clubs, der Kommune beziehungsweise einer kommunalen Gesellschaft oder von nahestehenden Personen. Deren Interessen bestehen nicht vorran-

146 Financial Fair Play Anhang X. A. 3. g – k.
147 Vgl. Ligareport 2010 sowie Bundesliga Magazin März 2011, S. 20.

gig in vollständiger Refinanzierung der Baukosten oder sogar einer Gewinnerzielung, so dass im Vergleich zu „außenstehenden Dritten“ oder nach Drittvergleichsmaßstäben ein zu geringes Nutzungsentgelt geleistet wird. Damit ist nicht nur eine erhebliche Subventions- beziehungsweise Beihilfeproblematik verbunden. Auch eine Förderung durch die öffentliche Hand kann sportlich wettbewerbsverzerrend wirken. Allein die unterschiedlichen Stadionpachten in Deutschland liefern hier ein deutliches Beispiel. Die UEFA behält sich vor, nicht angemessene Verträge auf ein angemessenes Maß anzupassen und relevante Aufwendungen nach oben anzupassen, wenn Transaktionen mit verbundenen Parteien unter dem Zeitwert erfolgen. Spannend bleibt die Frage, ob auch eine Gebietskörperschaft als „verbundene Partei“ betrachtet werden kann oder wird.[148]

FINANCIAL FAIR PLAY greift auf, dass neben der gesellschaftsrechtlichen Beteiligung oder eines „gewöhnlichen“ Sponsorships durch Beteiligte auch in anderer Weise den Clubs Finanzmittel zugeführt werden können. Die Zufuhr von Finanzmitteln, die vorrangig für Transfer- beziehungsweise Personalaufwand verwendet werden und nicht durch eigene Einnahmen der Clubs gedeckt sind, soll unterbunden werden. Zufließendes Kapital kann die Stabilität der Clubs nicht stärken, wenn es unmittelbar für Spielergehälter und -transfers verausgabt wird. Eine neue Vorschrift, die sich im besonders relevanten Anhang X (zu Artikel 58 FINANCIAL FAIR PLAY) „Berechnung des break-even Ergebnisses“ findet, greift. Es wird unterschieden in relevante und nicht relevante Einnahmen. Insbesondere aus dem Bereich Sponsoring und Werbung, kommerzielle Aktivitäten und sonstige betriebliche Erträge oder Gewinne aus der Veräußerung von Sachanlagen werden die relevanten Einnahmen nach unten angepasst, wenn Einkaufstransaktionen mit verbundenen Parteien erfolgen und über dem Zeitwert durchgeführt werden. Der Gestaltungsspielraum bei der Bemessung der Entgelte für Übertragungsrechte[149] wird ebenfalls beschränkt. Ob eine Ausschreibung allein zu angemessenen Erträgen führt, scheint zweifelhaft, wenn ein clubnaher Bieter den Zuschlag erhält. Auch hier stellt sich die Kernfrage, wer die Angemessenheit festlegt. Die DFL nimmt,

148 Anhang X. A. 3. f. „Zeitwert“ ist die deutsche Übersetzung der Statuten. Die englische Originalfassung lautet „Fair Value“. Der „übliche Marktpreis“ ist der Betrag, zu dem zwischen sachverständigen, vertragswilligen und voneinander unabhängigen Geschäftspartnern ein Vermögenswert getauscht oder eine Verbindlichkeit beglichen werden könnte (Arm’s Length Transaction); vgl. International Accounting Standards (IAS) 32.11, 39.9, 39. AG 69-82 mit weiteren Erläuterungen.

149 Bspw. Berlusconi in Italien, Servus-tv in Österreich. Denkbar ist auch eine Zweitverwertung über (clubeigene) Internetplattformen oder andere Übertragungswege. Vgl. hierzu Vera Elter, Die Verwertung medialer Rechte der Fußballunternehmen. München 2003.

wie dargestellt, die Wirtschaftsprüfer in die Pflicht. Ob sich das UEFA Panel dieser Beurteilung stets anschließen wird, ist abzuwarten.[150]

Artikel 58 FINCIAL FAIR PLAY verhindert damit generierte Zuflüsse, weil nur in Höhe der relevanten Einnahmen und eben nicht durch Zuschüsse von Investoren oder Zahlungen von Sponsoren über Marktwert Mittel verausgabt werden dürfen. Der Korrektur auf der Ausgabenseite, auf der positive Aufwendungen für beispielsweise Nachwuchs und Sachanlagen besonders behandelt werden, stehen spiegelbildlich die Herabsetzung beziehungsweise vollständige Streichung der nicht relevanten Erträge gegenüber. Die vielfach kritisierten Modelle, wobei nach einer Übernahme der Gesellschaftsanteile der Spielbetriebsgesellschaft übermäßig Kapital zugeführt wird, das ausschließlich in Transfers und Spitzenspielergehälter fließt, sollen damit eine wirksame und sinnvolle Begrenzung erfahren.[151]

Eine Ausstrahlungswirkung auf die Finanzierungsmodelle des VfL Wolfsburg, von Bayer Leverkusen oder der TSG Hoffenheim wird, jedenfalls soweit diese an europäischen Wettbewerben teilnehmen wollen, nicht abzusprechen sein. Für die TSG Hoffenheim hat ihr finanzieller Förderer und gesellschaftsrechtlich beteiligter Investor bereits öffentliche Erklärungen abgegeben, wonach er zukünftig seine Leistungen entsprechend limitieren will.[152]

Im Rahmen der gesellschaftsrechtlichen Beteiligung und des Sponsorships von Volkswagen bei der VfL Wolfsburg GmbH und von der Bayer Leverkusen AG für den gleichnamigen Club wird die Problematik in der Bewertung „angemessener" Zahlungen aus dem Sponsorship, das neben der gesellschaftsrechtlichen Beteiligung besteht, liegen. In beiden Städten besteht ein übergeordnetes Interesse, den Standort durch Spitzenfußball aufzuwerten. Insbesondere vor dem Hintergrund, dass aufgrund der nationalen Verbandsstatuten ein Club mit dem Namensrecht eine privilegierte, nicht marktübliche Position hat, ist ein „angemessener" Betrag für das Sponsoring schwer zu fixieren.[153]

Im Rahmen der zugelassenen Personalaufwendungen legt sich die UEFA erstmals fest. Ab 70 Prozent besteht erhöhte Aufmerksamkeit, wenn es heißt:

150 Anhang IX A Abs. 2. Zum Personalaufwand vgl. auch Art. 62 Abs. 4 Financial Fair Play: Zusätzliche Informationspflichten bei Überschreitung der 70%-Grenze, d.h. wenn der Personalaufwand im Verhältnis zum Gesamtumsatz die vorgenannte Grenze überschreitet, was in vielen Ligen – leider – üblich ist.

151 Anzumerken ist, dass die Übernahme der Gesellschaftsanteile selbst zu keinem Kapitalzufluss auf Ebene der Gesellschaft führt, weil diese vom vormaligen Gesellschafter – dem Verein – gegen Zahlung des Kaufpreises erworben werden. Lediglich durch die Vereinbarung eines entsprechenden Agio bzw. der Verpflichtung zur Leistung einer Einlage bzw. Zahlung in die Rücklage fließen der Gesellschaft bei Veräußerung ihrer Geschäftsanteile Finanzmittel zu.

152 Vgl. Dietmar Hopp, Sponsors 4/2011, S. 33.

153 Vgl. oben III. 1. b.

„Zudem behält sich der Finanzkontrollausschuss für Clubs das Recht vor, vom Lizenznehmer zu einem beliebigen Zeitpunkt die Zusammenstellung und Unterbreitung zusätzlicher Informationen zu verlangen, insbesondere wenn aus dem Jahresabschluss hervorgeht, dass der Personalaufwand 70% der Gesamteinnahmen überschreitet (…).“[154]

c) Beteiligungen

Clubs dürfen selbst keine Anteile an anderen Clubs halten.[155] Die Clubs sind verpflichtet, Konzernrechnungslegungsvorschriften zu beachten.[156] Die UEFA legt ein Augenmerk darauf, dass Konzernabschlüsse deutlich aussagekräftiger sind als die Einzelabschlüsse von Spielbetriebsgesellschaften. Die nach nationalem Recht durchaus schwierige Frage, ob ein eingetragener Verein „Konzernspitze“ sein kann, vermeidet die UEFA ebenso elegant wie die Frage der Konsolidierung von Personentochtergesellschaften. Sie bezieht sowohl eingetragene Vereine als auch Personengesellschaften ein, was durch entsprechende Definitionen der „Mutterunternehmen“ und „Tochterunternehmen“ gewährleistet wird.[157] Für Transparenz und Übersichtlichkeit sorgt die Verpflichtung, dass der Club die rechtliche Gesamtstruktur des Konzern als graphische Darstellung mit allen untergeordneten, assoziierten, übergeordneten, Enkel-, Tochter-, Mutter-, Großmutter-, Urgroßmutter- etc. -körperschaften beizubringen hat.[158] Lediglich „unwesentliche“ Tochterunternehmen oder eindeutig fußballferne Aktivitäten müssen nicht in die Konsolidierung einfließen, wobei bei Letzteren die Nichtkonsolidierung ausdrücklich und ausführlich durch den Club begründet werden muss.[159]

Anders als die LIZENZIERUNGSORDNUNG will die UEFA eine – stimmrechtliche – Mehrheitsbeteiligung nicht verhindern, womit sie auch den tatsächlichen Verhältnissen Rechnung trägt. Sowohl strategische Partner, wie Medienunternehmen, Vermarktungsgesellschaften und Sportartikelhersteller als auch strategische Investoren versuchen immer häufiger, sich gesellschaftsrechtlich an Sportkapitalgesellschaften zu beteiligen; mitunter auch mehrfach. Sobald eine Person oder ein Unternehmen an mehr als einem am gleichen Wettbewerb teilnehmenden Sportunternehmen nicht nur unerheblich beteiligt ist, besteht potentiell der An-

154 Art. 62 Abs. 4 Financial Fair Play.

155 Integrity of the UEFA Club Competitions: Independence of Clubs vom 19.5.1998. Art. 7 a.-c. Reglement der UEFA Champions League; Art. 3 Reglement der UEFA Euro League.

156 Vgl. oben III. 2.c. sowie Financial Fair Play Anhang Bilanz i.V.m. Art. 46 Financial Fair Play.

157 Financial Fair Play Art. l; 12 Abs. 1; 46 Abs. 4; Anhang VII B, Abs. 1 i.V.m. Abs. 4.

158 Financial Fair Play Art. 46 Abs. 1 und 2.

159 Financial Fair Play Anhang VII B Abs. 2 und 3.

schein einer möglichen Wettbewerbsverzerrung durch Einflussnahme auf das konkrete sportliche Verhalten. Nicht zulässig ist deshalb die Mehrfachbeteiligung. Da eine Mehrfachbeteiligung mit beherrschendem Einfluss Integrität und Glaubwürdigkeit des sportlichen Wettkampfes negativ beeinflussen kann, verbietet die UEFA die Teilnahme mehrerer Clubs, die unter der Kontrolle eines Akteurs stehen, am selben Wettbewerb. Diese Norm hat auch vor der Rechtsprechung Bestand gehabt. Eine bis zu einhundertprozentige „Eigentümerstellung" eines Investors, sei es als Privatperson oder Kapitalgesellschaft, bei nur einem Club ist uneingeschränkt zulässig.[160]

Zwei oder mehrere Clubs, die von einer Person oder einem Unternehmen kontrolliert werden, können nicht an demselben UEFA-Wettbewerb teilnehmen. Ein Club allerdings wird zugelassen. Die Maßstäbe, nach denen der teilnahmeberechtigte Club ausgewählt wird, beschreiben die Statuten ausführlich. Kontrolle wird dahingehend definiert, dass entweder über die Mehrheit der Stimmrechte verfügt wird oder aufgrund von sonstiger Vereinbarungen der Club oder dessen Führung kontrolliert werden kann. Kontrolle beziehungsweise „gemeinsame Kontrolle" bedeutet die Mehrheit der Stimmrechte oder das Recht, die Mehrheit der Mitglieder des Verwaltungs-, Leitungs- oder Aufsichtsorgans zu bestellen. Auch eine entsprechende Stimmrechtsvereinbarung, die ermöglicht, über die Mehrheit der Stimmrechte zu verfügen, genügt.[161]

Dabei definiert die UEFA keine fixe prozentuale Schwelle für Beteiligungen, wie es die Lizenzierungsordnung mit der 50+1-Regel vornimmt. Unstreitig dürfte sein, dass bei Beteiligungen von mehr als 50 Prozent eine nach den FINANCIAL FAIR PLAY Regeln unzulässige „Beherrschung" vorliegt. Beteiligungen von weniger als zehn Prozent an nicht börsennotierten Clubs scheinen unproblematisch zu sein. Die Beteiligung des Volkswagenkonzerns (mehrheitlich beziehungsweise als Alleingesellschafter) an der VfL Wolfsburg Fußball GmbH sowie als Mindergesellschafter mit einer Quote unter zehn Prozent mit der Tochtergesellschaft Audi an der FC Bayern München AG wurde nicht sanktioniert.[162]

Hinsichtlich der Beachtung der (neuen) Regeln ist ein Verfahren auf UEFA-Ebene vorgegeben beziehungsweise eine eigene Institution zuständig. Das Monitoring-Verfahren orientiert sich an den bisher geübten Regelungen. Zuständig ist der Finanz- und Kontrollausschuss, Artikel 53 FINANCIAL FAIR PLAY. Die Clubs haben einen Jahresabschluss nach allgemeinen Vorschriften aufzustellen, der durch einen Abschlussprüfer zu prüfen ist. Darüber hinaus ist für den zu ferti-

160 UEFA./. Enic vom 20.8.1999, CAS 98/200 und EU-Kommission vom 25.6.2002, Nr. 37806..

161 Ausführliche Erläuterungen zu „verbundenen Parteien" in Financial Fair Play Anhang X, D. und E. Zum Ganzen auch Weiler, Mehrfachbeteiligungen. (a.a.O.), S. 91 ff.

162 Vgl. Boßmann, Bayern riskieren Champions League. SPORT BILD 42/2009, S. 36. Zerfaß, Wird die Bundesliga zur VW-Betriebsmeisterschaft? zeit-online vom 2.10.2009.

genden Zwischenabschluss eine prüferische Durchsicht vorgesehen. Dieses entspricht den Vorgaben der LIZENZIERUNGSORDNUNG der DFL, die als zuständiger Nationalverband die Lizenzierung auch für die Zulassung an den UEFA-Wettbewerben durchführt und dabei der Aufsicht der UEFA unterliegt. Sofern nach FINANCIAL FAIR PLAY mehr Informationen benötigt werden, haben die Clubs diese der UEFA über die DFL zur Verfügung zu stellen. Die UEFA nimmt dann eine eigene, insbesondere Angemessenheitsprüfung bei Verträgen mit verbundenen Parteien, vor und sanktioniert Verletzungen des FINANCIAL FAIR PLAY eigenständig. Über die Konsequenz der Umsetzung, wenn sogenannte „große“ Clubs betroffen sind, kann zum jetzigen Zeitpunkt nur spekuliert werden.

IV. Würdigung

Hinsichtlich der Gliederung der Bilanz, der Gewinn- und Verlustrechnung und der Liquiditätsberechnung besteht weite Übereinstimmung zwischen den nationalen und den internationalen Anforderungen an die Lizenzierung von Fußballclubs. Clubs, die sich nicht aus anderen Gründen ohnehin an IFRS Vorgaben orientieren, können mit der Gliederung nach dem Handelsgesetzbuch und der LIZENZIERUNGSORDNUNG in beiden Lizenzierungsverfahren bestehen. Bewertungen und Wertansätze sowie die nach IFRS gebotene regelmäßige Neubewertung von Vermögenswerten erfordern aber Zusatzaufwand.

Die UEFA hat Übergangsfristen und die Schwellenwerte durchaus großzügig für die Vielzahl der Clubs angelegt. Die Fixierung eines Betrages unabhängig vom Umsatz ist sowohl beim FINANCIAL FAIR PLAY als auch hinsichtlich des Grund- oder Stammkapitals in der LIZENZIERUNGSORDNUNG nicht nachvollziehbar. Clubs mit einem Etat von mehreren hundert Millionen Euro dieselbe Abweichung oder dasselbe Grundkapital abzuverlangen, wie Clubs mit einstelligen Millionenumsätzen, kann nicht sinnvoll begründet werden.

Soweit und so lange die Clubs für ihren Profispielbetrieb nicht mehr Ausgaben tätigen, als sie dort aus dem operativen Fußballgeschäft Erlöse erzielen und prognosegerecht wirtschaften, werden sie sowohl den Vorgaben der LIZENZIERUNGSORDNUNG als auch des FINANCIAL FAIR PLAY gerecht. Beim FINANCIAL FAIR PLAY besteht eine Einschränkung, weil die Aufwendungen und Erträge einer zusätzlichen „Angemessenheitsprüfung“ unterliegen, sofern diese mit „nahestehenden Personen“ erzielt wurden. Nach der LIZENZIERUNGSORDNUNG ist eine solche Prüfung nur „verdeckt“ vorgesehen, indem den Wirtschaftsprüfern – und nicht den Clubs selbst – entsprechende Prüfungshandlungen und Berichtspflichten abverlangt werden. Ob eventuelle Fehler der Wirtschaftsprüfer in diesem Rahmen zu Sanktionen gegen einen Club, der insoweit selbst gegenüber dem Lizenzgeber keine unzutreffenden Angaben gemacht hat, führen können, bleibt offen. Ist Kapital durch einen Investor in einem Umfang zugeführt, der durch das fußballerische Geschäft des Clubs nicht oder nur teilweise finanzierbar wäre, entstehen Unterdeckungen. Da die Personalkosten beziehungsweise Aufwand für Spieler und Transfers als Hauptgrund „falschen“ Finanzverhaltens zu sehen sind, sollen diesbezügliche Ausgaben limitiert werden. Die Kapitalzufuhr in „Steine statt Beine“, also für Bauten, Sportstätten oder aber für Nachwuchs, wird im Gegenzug privilegiert.

Clubs in Deutschland ist es weiterhin möglich, von einem Dritten – Investor, Mäzen oder Sponsor – Gelder zu vereinnahmen, denen keine oder keine adäquate Gegenleistung gegenübersteht, sofern sie nicht (auch) die UEFA-Vorgaben einhalten müssen. Der Ligaverband und die LIZENZIERUNGSORDNUNG halten im Hinblick auf Investoren an ihrem „Ja, aber“ fest. Gelder von Investoren sind willkommen, so lange strukturell keine Einflussnahme auf das operative Geschäft ermöglicht scheint. Die 50+1-Regel soll Investoren abschrecken, ermöglicht aber trotzdem die kritisierten Hypereffekte, weil „zugelassene“ Mehrheitseigner oder Förderer Gelder über den gewöhnlichen Etat hinaus zuführen können, die direkt im Spielbetrieb oder für Spieler ausgegeben werden.

National wird jede „Doppeltätigkeit“ – sei es als Sponsor oder als Gremienmitglied – kritisch betrachtet. Wenn selbst eine gesellschaftsrechtlich nicht relevante schuldrechtliche Zusammenarbeit mit mehreren Clubs als Trikot- oder Hauptsponsor oder Tätigkeiten bei mehr als einem Club als Gremienmitglied als wettbewerbsschädlich angesehen werden, muss das Verbot von gesellschaftsrechtlichen Mehrfachbeteiligungen zwangsläufig sein und kann nicht unter Verweis auf fehlende Einflussnahmemöglichkeit aufgrund der 50+1-Regel ausgespart bleiben. Da derzeit relevante Mehrfachbeteiligungen nicht bestehen, erklärt sich das Aussparen dieses Problems in der LIZENZIERUNGORDNUNG nicht. Solange nicht in Bestandsrechte eingegriffen werden muss, ist eine Statutenanpassung geboten.

Im Rahmen einer nostalgisch geprägten Betrachtung und der Rechtfertigung der 50+1-Regel wird die damit zusammenhängende rechtstatsächliche Problematik ignoriert. So lange und so weit die Regelung bewirkt, dass die Letztentscheidung eine solche des Vereins ist beziehungsweise der Verein – die Mitgliederversammlung – sich gegenüber der operativen Führung durchsetzen kann, bestehen erhebliche strukturelle Probleme. Dabei soll keineswegs behauptet werden, dass die Vereinigung der Leitungskompetenz und der Finanzierung „in einer Hand“ automatisch bessere ökonomische und sportliche Entscheidungen herbeiführt. Es sind dann aber Handlungsverantwortung und Finanzierung nicht länger getrennt.

Die UEFA setzt den Hebel genau an dieser Stelle an. Sie lässt die Kontrolle durch Investoren oder Mäzene zu, was der Rechtstatsächlichkeit in unterschiedlichen nationalen Ligen geschuldet ist, limitiert aber deren Finanzzuflüsse. Auch insoweit gilt ein „Ja, aber“. Es sind dort Investoren und Mäzene akzeptiert, nicht aber deren Finanzverhalten oder das zur Verfügung stellen von Finanzmitteln zum Ausgleich von Defiziten des operativen Geschäfts. Transfer- und Gehaltszahlungen sollen auf diese Weise begrenzt werden. Übergangsweise gelten Schwellenwerte. Die LIZENZIERUNGSORDNUNG greift diesen Punkt partiell auf, wenn negatives Eigenkapital zukünftig nicht nur nicht weiter erhöht, sondern sogar vermindert werden muss. Parallel dazu werden die Anforderungen an die Liquiditätsplanrechnung im Hinblick auf Personalkosten verschärft, was ebenfalls der Kontrolle im Hinblick auf Transfers und Personalkosten dient. Die 70-Prozent-Grenze der UEFA und die Prognosesicherheit der LIZENZIERUNGSORDNUNG sind ein klarer Hinweis, dass die Personalkosten – gemeint sind Spielergehälter und Transfersummen – unter besonderer Beobachtung stehen.

Anhang I

§ 266 Gliederung der Bilanz

(1) Die Bilanz ist in Kontoform aufzustellen. Dabei haben große und mittelgroße Kapitalgesellschaften (§ 267 Abs. 3, 2) auf der Aktivseite die in Absatz 2 und auf der Passivseite die in Absatz 3 bezeichneten Posten gesondert und in der vorgeschriebenen Reihenfolge auszuweisen. Kleine Kapitalgesellschaften (§ 267 Abs. 1) brauchen nur eine verkürzte Bilanz aufzustellen, in die nur die in den Absätzen 2 und 3 mit Buchstaben und römischen Zahlen bezeichneten Posten gesondert und in der vorgeschriebenen Reihenfolge aufgenommen werden.

(2) Aktivseite

A. Anlagevermögen:
- I. Immaterielle Vermögensgegenstände:
  1. Selbst geschaffene gewerbliche Schutzrechte und ähnliche Rechte und Werte;
  2. entgeltlich erworbene Konzessionen, gewerbliche Schutzrechte und ähnliche Rechte und Werte sowie Lizenzen an solchen Rechten und Werten;
  3. Geschäfts- oder Firmenwert;
  4. geleistete Anzahlungen;
- II. Sachanlagen:
  1. Grundstücke, grundstücksgleiche Rechte und Bauten einschließlich der Bauten auf fremden Grundstücken;
  2. technische Anlagen und Maschinen;
  3. andere Anlagen, Betriebs- und Geschäftsausstattung;
  4. geleistete Anzahlungen und Anlagen im Bau;
- III. Finanzanlagen:
  1. Anteile an verbundenen Unternehmen;
  2. Ausleihungen an verbundene Unternehmen;
  3. Beteiligungen;
  4. Ausleihungen an Unternehmen, mit denen ein Beteiligungsverhältnis besteht;
  5. Wertpapiere des Anlagevermögens;
  6. sonstige Ausleihungen.

B. Umlaufvermögen:
- I. Vorräte:
  1. Roh-, Hilfs- und Betriebsstoffe;
  2. unfertige Erzeugnisse, unfertige Leistungen;

3. fertige Erzeugnisse und Waren;
4. geleistete Anzahlungen;

II. Forderungen und sonstige Vermögensgegenstände:
1. Forderungen aus Lieferungen und Leistungen;
2. Forderungen gegen verbundene Unternehmen;
3. Forderungen gegen Unternehmen, mit denen ein Beteiligungsverhältnis besteht;
4. sonstige Vermögensgegenstände;

III. Wertpapiere:
1. Anteile an verbundenen Unternehmen;
2. sonstige Wertpapiere;

IV. Kassenbestand, Bundesbankguthaben, Guthaben bei Kreditinstituten und Schecks.

C. Rechnungsabgrenzungsposten.
D. Aktive latente Steuern.
E. Aktiver Unterschiedsbetrag aus der Vermögensverrechnung.

(3) Passivseite

A. Eigenkapital:

I. Gezeichnetes Kapital;
II. Kapitalrücklage;
III. Gewinnrücklagen:
1. gesetzliche Rücklage;
2. Rücklage für Anteile an einem herrschenden oder mehrheitlich beteiligten Unternehmen;
3. satzungsmäßige Rücklagen;
4. andere Gewinnrücklagen;

IV. Gewinnvortrag/Verlustvortrag;
V. Jahresüberschuß/Jahresfehlbetrag.

B. Rückstellungen:
1. Rückstellungen für Pensionen und ähnliche Verpflichtungen;
2. Steuerrückstellungen;
3. sonstige Rückstellungen.

C. Verbindlichkeiten:
1. Anleihen, davon konvertibel;
2. Verbindlichkeiten gegenüber Kreditinstituten;
3. erhaltene Anzahlungen auf Bestellungen;
4. Verbindlichkeiten aus Lieferungen und Leistungen;
5. Verbindlichkeiten aus der Annahme gezogener Wechsel und der Ausstellung eigener Wechsel;
6. Verbindlichkeiten gegenüber verbundenen Unternehmen;

7. Verbindlichkeiten gegenüber Unternehmen, mit denen ein Beteiligungsverhältnis besteht;
8. sonstige Verbindlichkeiten,

davon aus Steuern, davon im Rahmen der sozialen Sicherheit.

D. Rechnungsabgrenzungsposten.

E. Passive latente Steuern.

Anhang II

§ 275 Gliederung Gewinn- und Verlustrechnung

(1) Die Gewinn- und Verlustrechnung ist in Staffelform nach dem Gesamtkostenverfahren oder dem Umsatzkostenverfahren aufzustellen. Dabei sind die in Absatz 2 oder 3 bezeichneten Posten in der angegebenen Reihenfolge gesondert auszuweisen.

(2) Bei Anwendung des Gesamtkostenverfahrens sind auszuweisen:

1. Umsatzerlöse
2. Erhöhung oder Verminderung des Bestands an fertigen und unfertigen Erzeugnissen
3. andere aktivierte Eigenleistungen
4. sonstige betriebliche Erträge
5. Materialaufwand:
   a) Aufwendungen für Roh-, Hilfs- und Betriebsstoffe und für bezogene Waren
   b) Aufwendungen für bezogene Leistungen
6. Personalaufwand:
   a) Löhne und Gehälter
   b) soziale Abgaben und Aufwendungen für Altersversorgung und für Unterstützung,
   davon für Altersversorgung
7. Abschreibungen:
   a) auf immaterielle Vermögensgegenstände des Anlagevermögens und Sachanlagen
   b) auf Vermögensgegenstände des Umlaufvermögens, soweit diese die in der Kapitalgesellschaft üblichen Abschreibungen überschreiten
8. sonstige betriebliche Aufwendungen
9. Erträge aus Beteiligungen, davon aus verbundenen Unternehmen
10. Erträge aus anderen Wertpapieren und Ausleihungen des Finanzanlagevermögens, davon aus verbundenen Unternehmen
11. sonstige Zinsen und ähnliche Erträge, davon aus verbundenen Unternehmen
12. Abschreibungen auf Finanzanlagen und auf Wertpapiere des Umlaufvermögens
13. Zinsen und ähnliche Aufwendungen, davon an verbundene Unternehmen
14. Ergebnis der gewöhnlichen Geschäftstätigkeit
15. außerordentliche Erträge
16. außerordentliche Aufwendungen
17. außerordentliches Ergebnis
18. Steuern vom Einkommen und vom Ertrag

19. sonstige Steuern
20. Jahresüberschuß/Jahresfehlbetrag.

(3) Bei Anwendung des Umsatzkostenverfahrens sind auszuweisen:

1. Umsatzerlöse
2. Herstellungskosten der zur Erzielung der Umsatzerlöse erbrachten Leistungen
3. Bruttoergebnis vom Umsatz
4. Vertriebskosten
5. allgemeine Verwaltungskosten
6. sonstige betriebliche Erträge
7. sonstige betriebliche Aufwendungen
8. Erträge aus Beteiligungen, davon aus verbundenen Unternehmen
9. Erträge aus anderen Wertpapieren und Ausleihungen des Finanzanlagevermögens, davon aus verbundenen Unternehmen
10. sonstige Zinsen und ähnliche Erträge, davon aus verbundenen Unternehmen
11. Abschreibungen auf Finanzanlagen und auf Wertpapiere des Umlaufvermögens
12. Zinsen und ähnliche Aufwendungen, davon an verbundene Unternehmen
13. Ergebnis der gewöhnlichen Geschäftstätigkeit
14. außerordentliche Erträge
15. außerordentliche Aufwendungen
16. außerordentliches Ergebnis
17. Steuern vom Einkommen und vom Ertrag
18. sonstige Steuern
19. Jahresüberschuß/Jahresfehlbetrag.

(4) Veränderungen der Kapital- und Gewinnrücklagen dürfen in der Gewinn- und Verlustrechnung erst nach dem Posten "Jahresüberschuß/Jahresfehlbetrag" ausgewiesen werden.

Anhang III

§ 289 Lagebericht

(1) Im Lagebericht sind der Geschäftsverlauf einschließlich des Geschäftsergebnisses und die Lage der Kapitalgesellschaft so darzustellen, dass ein den tatsächlichen Verhältnissen entsprechendes Bild vermittelt wird. Er hat eine ausgewogene und umfassende, dem Umfang und der Komplexität der Geschäftstätigkeit entsprechende Analyse des Geschäftsverlaufs und der Lage der Gesellschaft zu enthalten. In die Analyse sind die für die Geschäftstätigkeit bedeutsamsten finanziellen Leistungsindikatoren einzubeziehen und unter Bezugnahme auf die im Jahresabschluss ausgewiesenen Beträge und Angaben zu erläutern. Ferner ist im Lagebericht die voraussichtliche Entwicklung mit ihren wesentlichen Chancen und Risiken zu beurteilen und zu erläutern; zugrunde liegende Annahmen sind anzugeben. Die gesetzlichen Vertreter einer Kapitalgesellschaft im Sinne des § 264 Abs. 2 Satz 3 haben zu versichern, dass nach bestem Wissen im Lagebericht der Geschäftsverlauf einschließlich des Geschäftsergebnisses und die Lage der Kapitalgesellschaft so dargestellt sind, dass ein den tatsächlichen Verhältnissen entsprechendes Bild vermittelt wird, und dass die wesentlichen Chancen und Risiken im Sinne des Satzes 4 beschrieben sind.
(2) Der Lagebericht soll auch eingehen auf:
1. Vorgänge von besonderer Bedeutung, die nach dem Schluss des Geschäftsjahrs eingetreten sind;
2. a) die Risikomanagementziele und -methoden der Gesellschaft einschließlich ihrer Methoden zur Absicherung aller wichtigen Arten von Transaktionen, die im Rahmen der Bilanzierung von Sicherungsgeschäften erfasst werden, sowie
   b) die Preisänderungs-, Ausfall- und Liquiditätsrisiken sowie die Risiken aus Zahlungsstromschwankungen, denen die Gesellschaft ausgesetzt ist,
   jeweils in Bezug auf die Verwendung von Finanzinstrumenten durch die Gesellschaft und sofern dies für die Beurteilung der Lage oder der voraussichtlichen Entwicklung von Belang ist;
3. den Bereich Forschung und Entwicklung;
4. bestehende Zweigniederlassungen der Gesellschaft;
5. die Grundzüge des Vergütungssystems der Gesellschaft für die in § 285 Nr. 9 genannten Gesamtbezüge, soweit es sich um eine börsennotierte Aktiengesellschaft handelt. Werden dabei auch Angaben entsprechend § 285 Nr. 9 Buchstabe a Satz 5 bis 8 gemacht, können diese im Anhang unterbleiben.

(3) Bei einer großen Kapitalgesellschaft (§ 267 Abs. 3) gilt Absatz 1 Satz 3 entsprechend für nichtfinanzielle Leistungsindikatoren, wie Informationen über Um-

welt- und Arbeitnehmerbelange, soweit sie für das Verständnis des Geschäftsverlaufs oder der Lage von Bedeutung sind.

(4) Aktiengesellschaften und Kommanditgesellschaften auf Aktien, die einen organisierten Markt im Sinne des § 2 Abs. 7 des Wertpapiererwerbs- und Übernahmegesetzes durch von ihnen ausgegebene stimmberechtigte Aktien in Anspruch nehmen, haben im Lagebericht anzugeben:

1. die Zusammensetzung des gezeichneten Kapitals; bei verschiedenen Aktiengattungen sind für jede Gattung die damit verbundenen Rechte und Pflichten und der Anteil am Gesellschaftskapital anzugeben, soweit die Angaben nicht im Anhang zu machen sind;
2. Beschränkungen, die Stimmrechte oder die Übertragung von Aktien betreffen, auch wenn sie sich aus Vereinbarungen zwischen Gesellschaftern ergeben können, soweit sie dem Vorstand der Gesellschaft bekannt sind;
3. direkte oder indirekte Beteiligungen am Kapital, die 10 vom Hundert der Stimmrechte überschreiten, soweit die Angaben nicht im Anhang zu machen sind;
4. die Inhaber von Aktien mit Sonderrechten, die Kontrollbefugnisse verleihen; die Sonderrechte sind zu beschreiben;
5. die Art der Stimmrechtskontrolle, wenn Arbeitnehmer am Kapital beteiligt sind und ihre Kontrollrechte nicht unmittelbar ausüben;
6. die gesetzlichen Vorschriften und Bestimmungen der Satzung über die Ernennung und Abberufung der Mitglieder des Vorstands und über die Änderung der Satzung;
7. die Befugnisse des Vorstands insbesondere hinsichtlich der Möglichkeit, Aktien auszugeben oder zurückzukaufen;
8. wesentliche Vereinbarungen der Gesellschaft, die unter der Bedingung eines Kontrollwechsels infolge eines Übernahmeangebots stehen, und die hieraus folgenden Wirkungen; die Angabe kann unterbleiben, soweit sie geeignet ist, der Gesellschaft einen erheblichen Nachteil zuzufügen; die Angabepflicht nach anderen gesetzlichen Vorschriften bleibt unberührt;
9. Entschädigungsvereinbarungen der Gesellschaft, die für den Fall eines Übernahmeangebots mit den Mitgliedern des Vorstands oder Arbeitnehmern getroffen sind, soweit die Angaben nicht im Anhang zu machen sind.

Sind Angaben nach Satz 1 im Anhang zu machen, ist im Lagebericht darauf zu verweisen.

(5) Kapitalgesellschaften im Sinn des § 264 d haben im Lagebericht die wesentlichen Merkmale des internen Kontroll- und des Risikomanagementsystems im Hinblick auf den Rechnungslegungsprozess zu beschreiben.

Anhang IV

§ 290 Pflicht zur Aufstellung

(1) Die gesetzlichen Vertreter einer Kapitalgesellschaft (Mutterunternehmen) mit Sitz im Inland haben in den ersten fünf Monaten des Konzerngeschäftsjahrs für das vergangene Konzerngeschäftsjahr einen Konzernabschluss und einen Konzernlagebericht aufzustellen, wenn diese auf ein anderes Unternehmen (Tochterunternehmen) unmittel- oder mittelbar einen beherrschenden Einfluss ausüben kann. Ist das Mutterunternehmen eine Kapitalgesellschaft im Sinn des § 325 Abs. 4 Satz 1, sind der Konzernabschluss sowie der Konzernlagebericht in den ersten vier Monaten des Konzerngeschäftsjahrs für das vergangene Konzerngeschäftsjahr aufzustellen.

(2) Beherrschender Einfluss eines Mutterunternehmens besteht stets, wenn

1. ihm bei einem anderen Unternehmen die Mehrheit der Stimmrechte der Gesellschafter zusteht;
2. ihm bei einem anderen Unternehmen das Recht zusteht, die Mehrheit der Mitglieder des die Finanz- und Geschäftspolitik bestimmenden Verwaltungs-, Leitungs- oder Aufsichtsorgans zu bestellen oder abzuberufen, und es gleichzeitig Gesellschafter ist;
3. ihm das Recht zusteht, die Finanz- und Geschäftspolitik auf Grund eines mit einem anderen Unternehmen geschlossenen Beherrschungsvertrages oder auf Grund einer Bestimmung in der Satzung des anderen Unternehmens zu bestimmen, oder
4. es bei wirtschaftlicher Betrachtung die Mehrheit der Risiken und Chancen eines Unternehmens trägt, das zur Erreichung eines eng begrenzten und genau definierten Ziels des Mutterunternehmens dient (Zweckgesellschaft). Neben Unternehmen können Zweckgesellschaften auch sonstige juristische Personen des Privatrechts oder unselbständige Sondervermögen des Privatrechts, ausgenommen Spezial-Sondervermögen im Sinn des § 2 Abs. 3 des Investmentgesetzes, sein.

(3) Als Rechte, die einem Mutterunternehmen nach Absatz 2 zustehen, gelten auch die einem Tochterunternehmen zustehenden Rechte und die den für Rechnung des Mutterunternehmens oder von Tochterunternehmen handelnden Personen zustehenden Rechte. Den einem Mutterunternehmen an einem anderen Unternehmen zustehenden Rechten werden die Rechte hinzugerechnet, über die es oder ein Tochterunternehmen auf Grund einer Vereinbarung mit anderen Gesellschaftern dieses Unternehmens verfügen kann. Abzuziehen sind Rechte, die

1. mit Anteilen verbunden sind, die von dem Mutterunternehmen oder von Tochterunternehmen für Rechnung einer anderen Person gehalten werden, oder

2. mit Anteilen verbunden sind, die als Sicherheit gehalten werden, sofern diese Rechte nach Weisung des Sicherungsgebers oder, wenn ein Kreditinstitut die Anteile als Sicherheit für ein Darlehen hält, im Interesse des Sicherungsgebers ausgeübt werden.

(4) Welcher Teil der Stimmrechte einem Unternehmen zusteht, bestimmt sich für die Berechnung der Mehrheit nach Absatz 2 Nr. 1 nach dem Verhältnis der Zahl der Stimmrechte, die es aus den ihm gehörenden Anteilen ausüben kann, zur Gesamtzahl aller Stimmrechte. Von der Gesamtzahl aller Stimmrechte sind die Stimmrechte aus eigenen Anteilen abzuziehen, die dem Tochterunternehmen selbst, einem seiner Tochterunternehmen oder einer anderen Person für Rechnung dieser Unternehmen gehören.

(5) Ein Mutterunternehmen ist von der Pflicht, einen Konzernabschluss und einen Konzernlagebericht aufzustellen, befreit, wenn es nur Tochterunternehmen hat, die gemäß § 296 nicht in den Konzernabschluss einbezogen werden brauchen.

Literaturverzeichnis

1. Wissenschaftliche Quellen und Literatur

Baumbach/Hopt. HGB-Kommentar. 33. Auflage (München 2008).

Beckscher Bilanz-Kommentar. Handels- und Steuerbilanz. Ellrot u.a. (Hg.), 7. Auflage (München 2010).

Bönig, Oliver. Wechselspiele mit Rendite, Going Public Magazin März 2010, S. 50-52.

Dehesselles,Thomas. The legal framework based on EU/EC law. in: Tokarski/Petry/Goll/Mittag (Hg.), A perfect match, Sport and the European Union. (Aachen 2009), S. 109-145.

Dippel, Martin. Aktuelle Probleme der Bilanzierung von Spielervermögen im Lizenzfußball. SpuRt 2010, S. 137-142

Eggers, Winfried. Schenkungsteuer bei Zuwendungen an Vereine. DStR 2007, S. 1752-1754.

Elter, Vera. Der Fußballtransfermarkt. KPMG snapshot 1994.

Dies. Mediale Rechte im Sport. in: Galli/Gömmel/Holzhäuser/Straub (Hg.), Sportmanagement – Grundlagen der unternehmerischen Führung aus Sport und Betriebswirtschaftslehre. Steuern und Recht für den Sportmanager. (München 2002), S. 253 – 302.

Dies. Die Verwertung medialer Rechte der Fußballunternehmen – Vermarktung und Refinanzierung im Sport. (Berlin 2003).

Dies. Bilanzierung von Humankapital nach IFRS am Beispiel des Spielervermögens im Profifußball. KoR 2004, S. 249-263.

Dies. Bewertung von Fußballunternehmen. in: Denzel/Wagner-Braun (Hg.), Wirtschaftlicher und sportlicher Wettbewerb, Festschrift für Rainer Gömmel zum 65. Geburtstag, (Vierteljahrschrift für Sozial- und Wirtschaftsgeschichte, Beihefte 205), S. 295 – 315.

Freyberg, Burckhard von. Transfergeschäft der Fußballbundesliga. Preisfindung und Spielerwertbestimmung. Kulturkommerz 11 (Berlin 2005).

Fritz, Thomas. Aufnahme, Strukturwandel und Beendigung wirtschaftlicher Tätigkeiten von gemeinnützigen Körperschaften: Verein – Stiftung – GmbH. (Baden-Baden 2003)

Galli, Albert. Das Rechnungswesen im Berufsfußball. (Düsseldorf 1997).

Ders. Das Lizenzierungsverfahren der UEFA. in: Galli/Gömmel/Holzhäuser/Straub (Hg.), Sportmanagement – Grundlagen der unternehmerischen Führung aus Sport und Betriebswirtschaftslehre. Steuern und Recht für den Sportmanager. (München 2002), S. 97-128.

Ders. Finanzielles Fairplay – Die neuen Regelungen der UEFA zur Klub-Lizenzierung und zum Klub-Monitoring. SpuRt 2010, S. 182-187.

Ders./Thomas Dehesselles. Rechnungslegung im Verein. in: Galli/Gömmel/Holzhäuser/Straub (Hg.), Sportmanagement – Grundlagen der unternehmerischen Führung aus Sport und Betriebswirtschaftslehre, Steuern und Recht für den Sportmanager. (München 2002), S. 45-73.

Ders. Was ist ein Fußballspieler wert? in: Denzel/Wagner-Braun (Hg.), Wirtschaftlicher und sportlicher Wettbewerb. Festschrift für Rainer Gömmel zum 65. Geburtstag. (Vierteljahrschrift für Sozial- und Wirtschaftsgeschichte, Beihefte 205), S. 1-16.

Gerdes, Kai. Auswirkungen von Mezzaninekapital auf das Rating. BC 2006 S. 57 f.

Hamacher, Karl/Nils Weber. Wie schützen Vereine und Verbände ihre Namens- und Markenrechte? Sponsors 4/2008, S. 38 f.

Hamm, Mario. Unterschiede im Finanzierungsreporting von englischen und deutschen Fußballunternehmen. Zu den Auswirkungen der von der UEFA geforderten Mindestanforderungen. causa sport 2011, S. 119-139.

Heermann, Peter. Mehrheitsbeteiligung an einer Fußballkapitalgesellschaft. causa sport 2007, S. 426-436.

Ders./Harald Schießl. Der Idealverein als Konzernspitze, http://sportrecht.org/cms/upload/01grundlagen/03/Heermann-Schiessl-Der_Idealverein_als_Konzernspitze.pdf

Homberg/Elter/Rothenburger. Bilanzierung von Humankapital nach IFRS am Beispiel des Spielervermögens im Profisport. KoR 2004, S. 249-263.

Hüttemann, Rainer. Gemeinnützigkeits- und Spendenrecht. (Köln 2008).

Keller, Christian. Corporate Finance im Profifußball – Kriterien für die Inanspruchnahme von Kapitalmarktfinanzierung durch Fußballunternehmen. in: Sportökonomie aktuell 15/2005.

Kern, Markus. Besonderheiten der Unternehmensfinanzierung und Investitionseffizienz im professionellen Fußball. Schriftenreihe Sportökonomie. in: Forschung und Praxis Band 3, (Hamburg 2007).

Ders./Oliver Haas/Alexander Dworak. Finanzierungsmöglichkeiten für die Fußball-Bundesliga und andere Profisportligen. in: Galli/Gömmel/Holzhäuser/Straub (Hg.), Sportmanagement – Grundlagen der unternehmerischen Führung aus Sport und Betriebswirtschaftslehre, Steuern und Recht für den Sportmanager. (München 2002), S. 395-447.

Kindler, Max. Football Club Ownership in England and Germany. The effectiveness and lawfulness of the „50 plus 1 rule" and what Germany can learn from England. (München 2008).

Klees, Andreas. Die so genannte „50+1" Regel im deutschen Profifußball im Lichte des europäischen Wettbewerbs. EuZW 2008, S. 391-394.

Küting, Karlheinz/Marc Strauß. Der passive Rechnungsabgrenzungsposten: ein „Schlüsselspieler" in der Fußballbundesliga. Der Betrieb 2010, S. 1189-1197.

Dies. Financial Fair Play im Profifußball – Die wirtschaftliche Situation und das neue Lizenzierungsverfahren im deutschen und europäischen Klubfußball. Der Betrieb 2011, S. 65-75.

Lammert, Joachim. Mehrheitliche Kontrolle im deutschen Profi-Fußball – Der Fall Hoffenheim. SpuRt 2008, S. 137-140.

Laner, André/Michael Nelles. Finanzierungsalternativen im Sportbereich. (Saarbrücken 2007).

Lange, Tobias. Rechtliche Grenzen des Dritteinflusses von Sponsoren. Seminararbeit Universität Bayreuth, SoSe 2005, S. 17 ff; verfügbar unter www.sportrecht.org.

Lindenbach, Norbert. IAS/IFRS (Freiburg 2004).

Mädche, Steffen. Besonderheiten der Rechnungslegung und Prüfung im Lizenzfußball. Bilanzielle Behandlung und Bewertungsverfahren von Spielerwerten. Diplomarbeit 2008 (Hamburg 2010).

Müller, Christian. Die Praxis der bilanziellen Behandlung von Transferentschädigungen in der Bundesliga. in: Globalisierung des wirtschaftlichen Wettbewerbs im Sport, hgg. vom Arbeitskreis Sportökonomie, (Schorndorf 2003), S. 191-204.

Ders. Wettbewerbsintegrität als Oberziel des Lizenzierungsverfahrens der Deutschen Fußball Liga GmbH. in: Zieschang/Klimmer (Hg.). Unternehmensführung im Profifußball (Berlin 2004), S. 21-41.

Ders. Kostenkontrolle und Wettbewerbssicherung durch Lizenzierungsverfahren. Dargestellt am Reglement der Fußball-Bundesliga, Büch/Schellhaaß (Hg.), Ökonomik von Sportligen, Texte-Quellen-Dokumente zur Sportwissenschaft 33. (Schorndorf 2005), S. 53-76.

Prachtner/Butollo/Schmidt-Karall. Rechnungslegung im Vergleich. 2. Aufl. (München 2006).

Schwendowius, Daniel. Finanzierungs- und Organisationskonzepte für den deutschen Profifußball. (Berlin 2003).

Segna, Ulrich. Vorstandskontrolle in Großvereinen. Schriften zum Bürgerlichen Recht Band 271 (Berlin 2002).

Siebold, Michael/Joachim Wichert. Die KGaA als Rechtsform für die Profiabteilungen der Vereine der Fußball-Bundesligen. Sp*u*Rt 1998, S. 138-143.

Ders./Thomas Dehesselles. Beteiligungen an Sportclubs – Rechtliche Möglichkeiten. Sponsors 10/2007, S. 38 f.

Stopper, Martin. Die 50+1-Regel im deutschen Profifußball. WRP 2009, S. 413-421.

Thiel, Jochen. Die Zuwendung von Sponsoren und Mäzenen aus schenkungs- und ertragsteuerrechtlicher Sicht. Der Betrieb 1993, S. 2452-2455.

Verse, Dirk. Die „50+1“ Regel zwischen Verbandsautonomie und Wettbewerbsfreiheit. causa sport 2010, S. 28-39.

Weiler, Simon. Mehrfachbeteiligungen an Sportkapitalgesellschaften, Verbote von "Multi-Club Shareholding" und deren Grenzen aus der Sicht europäischen Rechts unter besonderer Berücksichtigung des Profifußballs in Deutschland. (Berlin 2006).

2. Sonstige Quellen

Jahreshauptversammlung DSC Arminia Bielefeld vom 5.5.2010.

www.dsc-arminia.de/fileadmin/arminia09-10/JHV_und_Co/Protokoll_JHV2009.pdf

Mitgliederversammlung des Ligaverbandes vom 18.8.2010, Antrag 1 – Satzungsänderung.

Deloitte, Die wirtschaftlichen Champions im internationalen Fußball. Düsseldorf, Hamburg, Stuttgart, München, Berlin August/September 2008.

Institut der Wirtschaftsprüfer: IDW RS 740; IDW RS HFA 14; IDW PS 750

Boßmann, Bayern riskieren Champions League. SPORT BILD 42/2009, S. 36.

Dehesselles in: Handelsblatt vom 13.12.2007.

Frankfurter Rundschau /sid, Tritt auf die Schuldenbremse. vom 11.1.2011.

Rainer Franzke. Hopp übernahm Verluste von 42,3 Millionen. Kicker 11.1.2011. http://www.kicker.de/news/fussball/bundesliga/startseite/547147/artikel_Hopp-uebernahm-Verluste-von-423-Millionen.htm

Dietmar Hopp, Sponsors 4/2011, S. 33.

Kind in: Focus.de vom 26.1.2011.

Kuska, Sponsors 4/2011, S. 35: „Nicht mehr zeitgemäß“.

Gruppe „Schickeria München“. Plakat beim Heimspiel von Bayern München in der Allianz Arena, zitiert nach BILD vom 4.4.2011.

Stern.de vom 6.1.2011: http://www.stern.de/sport/fussball/bundesliga/fussball-bundesliga-hoffenheim-hat-ausgetraeumt-1640574.html.

Straten: „Es geht um mehr als Hoeneß“ in BILD vom 4.4.2011

UEFA Direktor Traverso, Bundesliga Report 03/2011, S. 60 f.

Zerfaß, Wird die Bundesliga zur VW-Betriebsmeisterschaft? Zeit online vom 1.10.2009 http://www.zeit.de/sport/fussball/2009-09/audi-fc-bayern-wolfsburg-hoeness.

3. Rechtsprechung, Verwaltungsanweisungen

BGH vom 2.12.1974, BGHZ 63, 282.

BGH vom 17.11.1986, BGHZ 99,119.

BGH vom 22.3.2001, NJW-RR 2001, S. 1552.

BGH vom 25.3.2004, BGH GRUR 204, S. 775.

BFH vom 26.8.1992, BStBl. 1992 II, S. 977.

BFH vom 14.3.2006, BStBl. 2006 II, S. 650.

BFH vom 15.3.2007, BStBl. 2007 II, S. 472.

EUGH vom 15.12.1995, Rs. C-415/93; Sammlung der Rechtsprechung 1995, I-04921.

EuGH vom 12.11.2002, EuGH EuZW 2003, S. 61.

EU-Kommission vom 25.6.2002, Nr. 37806.

FG Köln vom 27.11.2003; EFG 2004, 664.

LG Hannover vom 08.4.2008, 18 O 23/06; http://www.sportrecht.org/urteile/18%20O %2023%20-%2006.doc

OFD Erfurt vom 23.10.2003, FR 2003, S. 1299.

UEFA./. Enic vom 20.8.1999, CAS 98/200.

Zeitfracht Medien GmbH
Ferdinand-Jühlke-Straße 7
99095 Erfurt, Deutschland
produktsicherheit@kolibri360.de